W0343016

LE LIVRE OFFICIEL
JUSTIN BIEBER
CE N'EST QUE LE DÉBUT

Traduit de l'anglais (États-Unis)
par Pascal Loubet

Michel LAFON

Images © Mike Lerner, à l'exception des images ci-dessous :
© Sergey Peterman : p. 17, p. 47, p. 106 et p. 159 ; © Carin Morris : p.19 et p. 66 (en bas à gauche) ; © Alfredo Flores : p. 37, p. 63 (en haut à gauche et à droite), p. 66 (en haut et au milieu), p.71 (encart au milieu et à droite), p. 97, p. 101, p. 102 (en haut et au milieu), p. 122, p. 170 (en haut), p. 173, p. 187 (en bas à droite), p. 194 (encart), p. 215, p. 227 et p. 231 (encart gauche) ; © Ohpix : p. 51 ; © James «Scrappy» Slassen : p. 71 (encart gauche) ; © Terry Richardson : p. 108 (en haut et au milieu à gauche) *Someday by Justin Bieber « fragrance shoot »;* © Gregory Pace/BEI/ Rex Features : p. 108 (en bas à droite) ; © Dimitrios Kambouris/WireImage/Getty Images : p. 111 ; © Warner Bros. Entertainment Inc., all rights reserved p. 112 ; © Justin Bieber: p. 126 et p. 231 (encart à droite) ; © Berverly News/Rex Features : p. 139 (en haut et en bas) et p. 170 (en bas).

S'étant efforcés de retrouver les ayants droit des images figurant dans cet ouvrage et d'obtenir l'autorisation de les reproduire, les éditeurs prient d'excuser toute éventuelle omission et seront heureux d'inclure les crédits et remerciements dans les rééditions futures de ce livre.

Publié en anglais par HarperCollinsPublishers Ltd sous le titre original :
Justin Bieber : Just Getting Started
© Bieber Time Books LLC, 2012
Design : Taylor Cope Wallace
Justin Bieber certifie posséder tous les droits moraux et être l'auteur de cette œuvre.

Mise en page de la version française: Nord Compo, Villeneuve d'Ascq
Traduction © 2013 Editions Michel Lafon sous licence HarperCollinsPublishers Ltd
7-13, boulevard Paul-Emile Victor – Ile de la Jatte
92521 Neuilly-sur-Seine Cedex
www.michel-lafon.com

À mes amis, ma famille,
et tous mes Beliebers…
Notre voyage continue.
Merci, je vous aime.

#Believe

SOMMAIRE

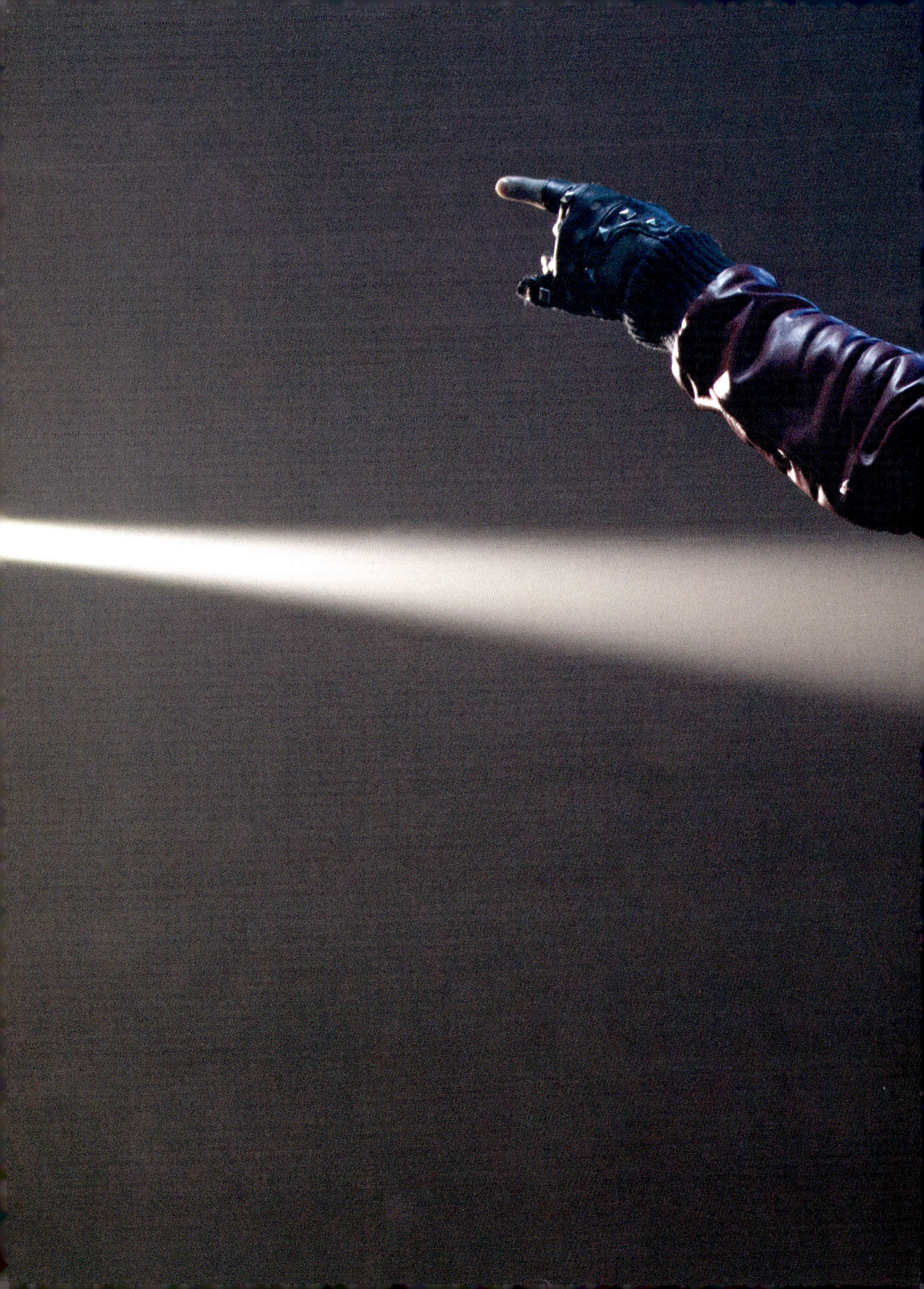

ARRIVÉE

Je n'ai pas grandi avec l'envie de devenir une pop-star. Je voulais juste être un enfant comme les autres, qui fait les mêmes trucs normaux que ses copains. J'ai commencé à poster des vidéos sur YouTube à douze ans pour que ma famille puisse m'entendre chanter. Jamais je ne me serais douté que cela allait prendre cette ampleur. C'est vrai, on se contente de publier des vidéos et quelques mois plus tard, sans prévenir, des milliers et millions de gens les regardent. Je viens d'une petite ville du Canada – Stratford, trente mille habitants – et ça n'en est que plus dingue. Jamais je n'aurais imaginé faire autre chose que devenir charpentier, par exemple, et puis peut-être monter mon entreprise plus tard. La simple idée de devenir une pop-star ne me paraissait même pas possible, c'était comme aller sur la lune ou gagner à la loterie. Mais deux ans plus tard, à quatorze ans, je ne chantais plus seulement pour ma famille, le monde entier m'entendait. Le reste, c'est de l'histoire.

« Vous pouvez tout réaliser à condition de le vouloir, il suffit de me regarder. Plus on travaille, plus on peut réussir. Ce n'est que le début… »

Quand j'ai commencé à poster mes vidéos avec ma mère, je ne cherchais pas à me faire connaître. Si on l'avait voulu, on aurait probablement quitté notre petite ville pour Los Angeles, passé des auditions et des castings. Pas question. Ce n'était pas la route que nous avions choisie, et en définitive, ce n'est pas celle qui m'a mené là où je suis aujourd'hui.

Des tas de gens pensent que j'ai connu le succès du jour au lendemain, mais ce n'est pas tout à fait exact. Oui, cela ne fait que cinq ans, mais il a fallu aussi énormément bosser, y consacrer du temps, faire des sacrifices et se donner constamment à fond. Sans compter que cinq ans, dans la vie d'un type qui en a aujourd'hui dix-huit, cela fait beaucoup. Certains estiment que travailler beaucoup, c'est trop dur. Moi, je ne connais que cela, et je sais que c'est le facteur déterminant du succès. J'aime tellement ce que je fais que je ne consacre pas beaucoup de temps au sommeil. Je préfère travailler, faire ce qui me plaît et me donner du mal pour devenir le meilleur artiste possible, je veux exceller dans mon métier et devenir le meilleur au monde. Pour cela, il faut que je travaille continuellement à m'améliorer, à bien me comporter avec tous les gens, à les traiter avec respect autant que je le peux. Ce sont des qualités que j'aimerais développer, même si je n'étais pas célèbre.

Les gens me demandent toujours comment je m'y prends, quel est le secret de ma réussite. Je leur conseille de ne pas avoir peur de faire dans la vie ce qu'ils appréhendent ou estiment trop difficile. Faites comme moi, foncez tête baissée sur ces défis, considérez-les comme des occasions à saisir, et vous verrez à quelle vitesse votre vie changera elle aussi !

Je ne serais nulle part sans vous, mes fans. C'est grâce à vous que je peux faire ce que j'aime. Je ne pourrais pas continuer de créer ma musique et de la partager avec le monde entier sans votre amour et votre soutien. Où que j'aille, quoi que je fasse, j'essaie de prendre contact avec le maximum d'entre vous, et cela signifie tout pour moi.

J'ai toujours entretenu une relation directe avec mes fans, parce que chacun d'entre eux m'a énormément aidé à atteindre tous les objectifs que je me suis fixés sur ma route. Sans aucun doute, vous avez influencé chaque étape de ce voyage plein de péripéties. Quand j'ai le moral au plus bas, vous me le remontez. Exactement comme je le dis dans ma chanson, *Believe*, où je parle des fans qui m'ont toujours accompagné. Chaque mot est sincère. Ce livre me permet de vous dire combien tout cela a compté pour moi, et combien vous m'avez aidé à traverser les épreuves.

Vous faire part d'anecdotes de mes tournées est une autre étape de notre voyage en commun, un autre chapitre. Mon histoire, c'est quelque chose que j'aime partager pour montrer qu'en ayant foi en soi et dans ce que l'on peut accomplir, tout est possible.

Ce livre est un regard sur ma vie pendant et en dehors des tournées. J'espère que vous apprécierez ce coup d'œil dans les coulisses, ce laissez-passer *backstage* personnel qui vous permet d'entrer dans mon univers. Je suis vraiment l'un des mecs les plus chanceux du monde, parce que chaque jour j'ai le privilège de faire ce que j'aime le plus, donner des concerts, chanter, jouer de la musique et voyager dans le monde entier. Mais surtout, c'est vous que je suis heureux de retrouver chaque jour, mes Beliebers. Vous étiez là au tout début et je ne l'oublierai jamais. Grâce à vous, je peux vivre mon rêve au quotidien.

« Merci » suffit à peine à exprimer toute ma reconnaissance, mais du fond de mon cœur, je veux vous remercier d'être là et de me soutenir. Continuons sans rien changer, et ensemble nous pourrons entretenir le rêve. Attention, vous tous, *ce n'est que le début*!

JUSTIN

justinbieber

« Chaque jour est une nouvelle opportunité. »
Ne dites jamais « jamais ».

11 h 30, 9 juin 2011, *via* le Web

justinbieber

Je suis comme vous. Et j'espère que notre histoire commune peut vous aider tous d'une manière ou d'une autre comme vous m'avez aidé.
Ce n'est que le début.

10 h 35, 9 novembre 2010, *via* le Web

CHAPITRE 1

CE N'EST QUE LE DÉBUT

PREMIÈRE ÉTAPE

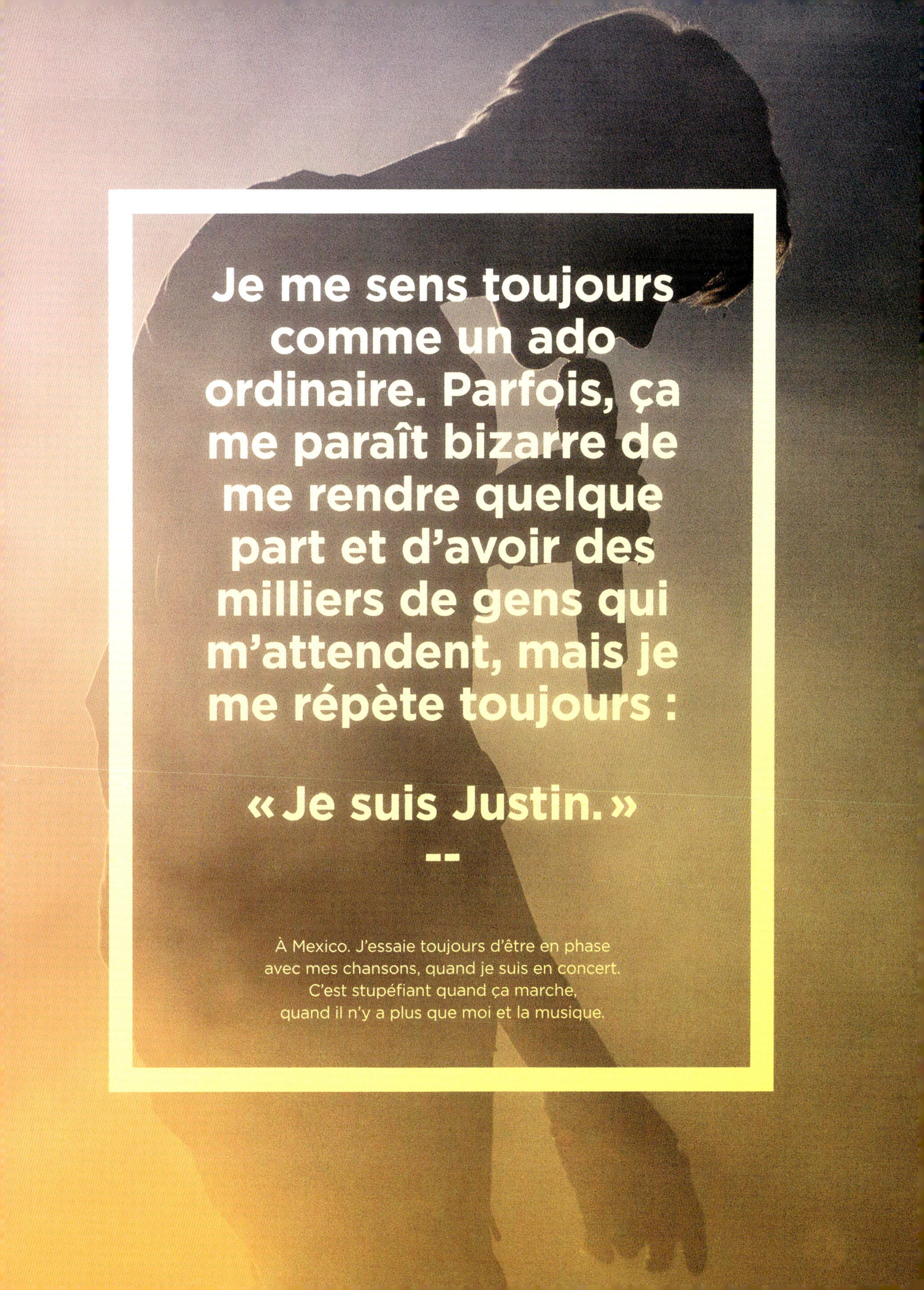

Je me sens toujours comme un ado ordinaire. Parfois, ça me paraît bizarre de me rendre quelque part et d'avoir des milliers de gens qui m'attendent, mais je me répète toujours :

« Je suis Justin. »

--

À Mexico. J'essaie toujours d'être en phase avec mes chansons, quand je suis en concert. C'est stupéfiant quand ça marche, quand il n'y a plus que moi et la musique.

NEW YORK, NEW YORK

31 août 2010

Avant mon premier concert au Madison Square Garden, je n'étais pas totalement conscient de ce que cela représentait de jouer devant une salle comble dans ce lieu légendaire. Mais au final, j'ai compris que c'était l'un des stades les plus célèbres du monde. À l'époque, c'était parfois difficile pour moi de saisir pleinement le sens de ce genre de choses, parce que j'étais très jeune et tout nouveau dans ce milieu. Mais quand Scooter, mon manager, m'a fait asseoir et m'a dit que c'était là que les Beatles, Frank Sinatra et Michael Jackson avaient joué, j'ai rapidement perçu l'ampleur de la situation. Je crois avoir compris que pour Scooter et le reste du monde, jouer au MSG est un immense accomplissement pour un artiste. Mais pour moi, son importance est venue de Taylor Swift.

Là, vous devez vous demander pourquoi c'est Taylor qui m'a fait prendre conscience de tous les artistes qui avaient joué là au cours des années. La réponse est très simple.
C'est au Madison Square Garden que je l'ai vue jouer la première fois devant une salle pleine, en août 2009. Par ailleurs, c'était la première fois que j'assistais à un vrai concert dans un stade, avec un public de fans les bras en l'air, en osmose avec l'artiste. Ce soir-là, j'ai regardé Scooter dans la fosse, et je lui ai dit : « C'est ce que je veux faire pour le restant de ma vie. » Avant qu'il n'ait pu répondre, j'ai ajouté : « Et… je veux que cette salle soit pleine. »

Scooter a souri : « Écoute, je suis sûr que tu joueras à guichets fermés un jour, mais pour le moment, tu es encore au début de ta carrière, et il faudra sûrement attendre encore quelques années. »

Quelques années ? Il plaisantait, non ?

Je voulais jouer devant une salle pleine dès l'année suivante. Peu importait le mal que j'allais devoir me donner, c'était mon objectif. Et je ne blaguais pas. Donc, pour tout le monde, jouer au Madison Square Garden est un exploit historique, hors du commun, la preuve qu'on est arrivé au sommet. Mais pour moi, c'était un objectif hors d'atteinte, qu'un gamin devenu célèbre grâce à sa propre chaîne sur YouTube, qui ne sortait ni d'un concours télévisé, ni d'une sitcom, et n'avait aucune assise financière suffisante, ne pourrait jamais atteindre.

justinbieber

JE SUIS À FOND !
MADISON SQUARE GARDEN !

13 h 02, 31 août 2010, *via* le Web

justinbieber

Ça va vraiment se faire. Ce soir, je joue avec mes héros ! MSG, c'est bientôt l'heure !

16 h 14, 31 août 2010, *via* UberTwitter

De retour sur scène à New York, deux ans plus tard. C'est incroyable, tout ce qui a changé entre-temps !

Oh, oui ! Je flairais le défi et j'étais prêt à le relever, même si j'allais devoir bosser dur.

Dans ma tête, c'était « nous tous contre le reste du monde » et je savais que si j'étais capable de jouer à guichets fermés, nous prouverions que je pouvais être au même niveau que tous les autres. Alors, oui, même si je savais que c'était prétentieux, notre objectif, c'était d'y parvenir.

À notre grande surprise, c'est exactement un an après que Scooter est venu me voir pour m'annoncer que nous avions vendu tous les billets de notre première tournée américaine en deux jours, et le Madison Square Garden en vingt-deux minutes.

Ma première réaction a été de dire : « Quoi ? » Même si je m'étais énormément investi pour y arriver, je ne saisissais toujours pas vraiment ce qu'il me disait. Si bien que je lui ai demandé : « Et c'est bien ? »

– Ouais, bonhomme, *vraiment* bien. Il n'y a que les plus grands pour vendre tous les billets d'une tournée en deux jours, et seulement la crème de la crème qui peut vendre toutes les places du Madison Square Garden aussi vite. Je suis fier de toi.

Même si nous avions atteint notre objectif – le Madison Square Garden au complet – nous n'avons jamais vraiment fêté notre succès, parce que vendre tous les billets, surtout le Garden, n'était que la phase 1. À présent, nous avions la pression de continuer et de mettre sur pied un grand spectacle qui en vaille la peine, et donne à beaucoup de mes fans de merveilleux souvenirs de leur premier concert. C'était ma première tournée en tête d'affiche, et nous devions prouver à tous que j'avais les capacités de porter un concert entier sur mes épaules, pour qu'ils aient envie de revenir à la tournée suivante… et celle d'après, etc. Cette tournée était tout autant pour les fans que pour nous.

Nous avons démarré la tournée américaine le 23 juin 2010, au XL Center de Hartford, dans le Connecticut, et nous avons donné trente-huit concerts avant d'arriver au Madison Square Garden le 31 août. Si vous avez vu le film *Never Say Never,* vous avec un excellent aperçu des coulisses des journées qui ont précédé l'événement. Et si vous ne l'avez pas vu, allez le voir ! C'est vraiment un excellent documentaire sur ce qui se passe dans les tournées, l'immense plaisir quand on organise le concert et qu'on rencontre les fans, mais aussi la violente pression qu'on subit.

Avec un calendrier aussi chargé, ma voix en avait pris un coup et cela empirait à mesure que la date de New York approchait. Une semaine avant, les médecins m'ont ordonné de reposer ma voix entre les concerts, faute de quoi je risquais de l'endommager irrémédiablement. Mais si je ne pouvais pas parler, je pouvais envoyer des textos, et j'ai pu ainsi continuer de communiquer avec mes fans par le biais de Twitter, grâce à mon équipe qui répondait à ma place.

J'ai rarement peur, mais je craignais vraiment de ne pas être au mieux de ma forme pour le grand soir. Je veux que tous mes concerts soient parfaits, mais je tenais à ce que celui du MGM soit exceptionnel pour tout le monde. Beaucoup de choses dépendaient de cette date, même si j'étais le seul à savoir vraiment pourquoi.

Je n'étais pas en forme à cent pour cent, mais les médecins m'ont autorisé à poursuivre quand même. Et c'est ainsi que le soir du 31 août 2010, je me suis retrouvé sur l'une des scènes les plus mythiques du monde et que j'ai demandé : « Ça va, New York ? Bienvenue dans mon monde ! On va s'éclater, ce soir. J'ai des tas de surprises pour vous dans mon sac ! » J'étais vraiment tout excité de jouer au Garden et de voir tant de fans venus me soutenir et assister à ce tournant capital de ma carrière. Comme je voulais leur offrir une soirée qu'ils n'oublieraient jamais, j'avais réellement prévu quelques surprises et j'espérais qu'ils en seraient soufflés.

Certaines des plus grandes stars du monde m'ont rejoint sur la scène, notamment Usher, Boyz II Men, Ludacris, Sean Kingston, Jaden Smith et Miley Cyrus. Le concert du Garden a été fantastique. Comme le chantait Frank Sinatra dans *New York, New York* : « Si tu peux y arriver ici, tu y arriveras n'importe où. » Toute la semaine suivante, dans la presse et les blogs new-yorkais, on a qualifié le concert de l'une des « nuits les plus exceptionnelles de l'histoire du Garden », et j'en étais tellement fier ! Les gens étaient estomaqués. Pour la première fois, dans la presse, j'ai même été comparé à mon héros, Michael Jackson... Là, je vivais carrément un rêve !

Durant toute la tournée, j'ai toujours présenté ma chanson *Never Say Never* en partageant avec le public cette devise qui gouverne ma vie. « Il y aura, dans votre existence, des moments où on vous dira que vous ne pouvez pas faire ceci ou cela. » C'est ce que je leur dis, *Ne dites jamais jamais*. Ces paroles n'ont jamais eu autant de sens pour moi que ce soir-là : Madison Square Garden, un moment clé dans ma carrière que je n'oublierai jamais.

CONCERT POUR LE PRÉSIDENT

La première fois qu'on m'a demandé de chanter pour le président Obama et sa famille, c'était lors d'un concert de Noël à la Maison Blanche, le 23 décembre 2009. J'ai interprété la grande chanson de Stevie Wonder, *Someday at Christmas*. C'était un honneur incroyable et l'une des seules fois où je me rappelle avoir vraiment eu le trac. Si vous avez vu la vidéo, cela se voit à mes mains, parce que je ne savais pas quoi en faire. J'étais comme Will Farrell dans *Ricky Bobby, roi du circuit*! En plus, je m'inquiétais un peu pour ma performance, parce que ma voix était fatiguée après la tournée et je n'étais pas sûr de pouvoir chanter. Je suis resté littéralement au repos, vocalement parlant, jusqu'au moment où je suis monté en scène.

Bon, tout le monde sait que je suis pas mal religieux, donc je savais en mon cœur que quoi qu'il arrive, Dieu serait à mes côtés. Et Il était là. Juste avant que je ne monte sur scène, mon angoisse a brusquement fondu. J'ai su à ce moment que Dieu avait entendu mes prières et serait avec moi pendant que je chantais. Cette nuit-là, je n'ai pas eu l'impression que le Président était le seul type puissant qui m'écoutait, j'avais l'impression de chanter pour Dieu aussi. Là, on peut parler d'un public en or! Non, je n'ai pas éprouvé la moindre pression!

Mais il s'est passé un truc très bizarre. À la seconde où j'ai commencé à chanter, ma voix me paraissait impeccable. J'avais déjà chanté *Someday at Christmas* dans des concerts de bienfaisance et je connaissais la chanson par cœur. À la fin, même si ma voix avait souffert durant les derniers jours, quelque chose m'a dit qu'il fallait que j'aille chercher la note super aiguë. Alors je l'ai fait, et je l'ai atteinte. Le Tout-Puissant était avec moi!

Chanter pour le Président a été un privilège, mais le plus génial a été de lui être présenté plus tard dans la soirée. Alors que tout le monde lui serrait la main très cérémonieusement, je lui ai dit : « Ça va, mec ? », et je lui ai tendu le poing pour cogner le sien. Heureusement, il a trouvé cela drôle.

Je crois que la famille présidentielle a apprécié ma prestation, parce que j'ai été de nouveau invité à la Maison Blanche, pour la cueillette des œufs de Pâques en avril 2010. J'y suis allé avec Scooter, ma mère et Kenny Hamilton (mon manager de tournée et ancien garde du corps). Quand la cueillette fut terminée, on nous a demandé si nous voulions passer un peu de temps dans le Bureau ovale et parler basket avec le Président. OK, il faut l'avouer, c'est super cool! Pendant que nous étions dans le Bureau ovale, Kenny a dit au Président qu'il avait été dans la Navy et lui a demandé s'il pouvait prendre une photo avec lui. Pendant ce temps, le Président l'a remercié d'avoir servi son pays. Kenny a carrément pleuré quand il est sorti du Bureau, des larmes de fierté et de reconnaissance pour la gratitude du Président.

Le président Obama est vraiment un type bien, et après cet échange, j'ai compris pourquoi il représentait tant pour beaucoup de gens.

Je suis la preuve vivante que les rêves se réalisent vraiment. Travaillez dur, priez, ayez la foi !

J'adore Usher comme un frère, ses conseils valent de l'or.

« On ne peut jamais rien connaître tant qu'on n'a pas essayé. La seule manière de découvrir quelque chose, c'est d'échouer, parce qu'il suffit d'un seul et unique succès pour réussir. »

Scooter Braun

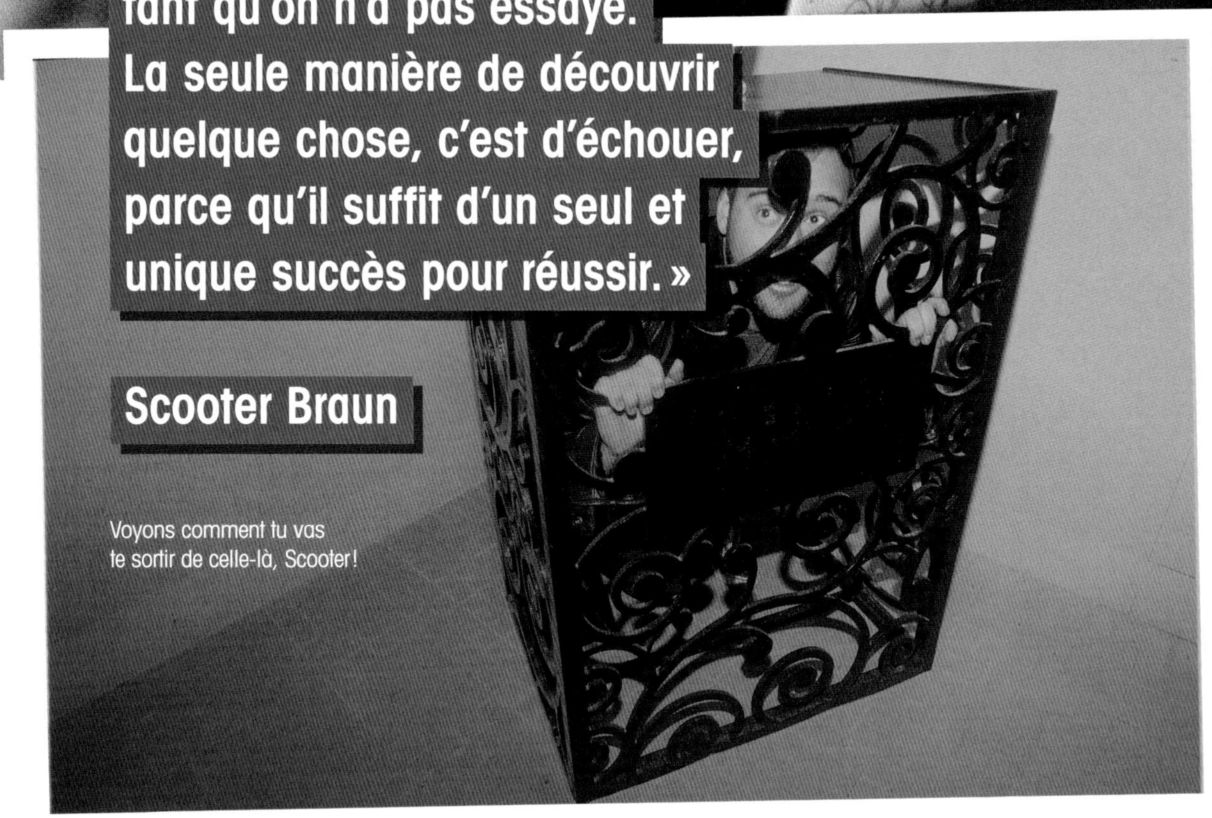

Voyons comment tu vas te sortir de celle-là, Scooter !

GANG DE FRÈRES

Scooter a cru en moi dès le début. Chaque fois que j'avais des doutes ou des hésitations sur la marche à suivre, il m'assurait que nous réussirions.

> « La seule chose qui peut t'arrêter, c'est toi-même. Ceux qui échouent dans ce domaine, les gens vraiment talentueux, ce n'est jamais à cause de leur musique, mais de leur vie privée. Reste concentré et ne t'occupe pas des âneries que les autres racontent. Ils veulent vivre dans le négatif. Toi, tu choisis de vivre dans le positif. Rien de ce qui est grandiose n'arrive avec facilité. »

Scooter m'a beaucoup appris au cours des années. Ses conseils m'ont aidé à ne pas dévier de mon objectif et à garder ma motivation. Il est intelligent et expérimenté, tandis que j'étais trop jeune pour comprendre. Parfois, il est tellement sur mon dos que c'est vraiment pénible, mais je sais qu'il ne veut que mon bien. En vieillissant, je me rends compte que sa sagesse a eu un véritable impact. J'ai aussi eu la chance que les gens qui m'entourent au quotidien soient super équilibrés et ne se contentent pas d'approuver tout ce que je dis ou fais. Je détesterais cela, parce que je veux apprendre de mes erreurs. Heureusement, j'ai la meilleure équipe du monde et cela ne s'est pas fait par hasard.

Dans ma relation avec Usher, je suis comme son petit frère. Quand nous sommes tous les deux en studio et qu'Usher va dans la cabine, je suis carrément épaté. Usher et moi avons fait un duo ensemble pour « Under the Mistletoe », intitulé *The Christmas Song*, et l'émulation aidant, je voulais monter dans les aigus comme lui. C'était la première fois que nous enregistrions une chanson ensemble depuis que ma voix avait mué. Mais même si c'est l'une de mes idoles musicales, je n'avais aucune intention de le laisser m'en remontrer, et me suis donné à fond pour monter dans les aigus, en y ajoutant des tonnes de *falsetto*. Mais quand je l'entends chanter et que je vois ce dont il est capable, je me rappelle pourquoi je le considère comme mon mentor et combien je serai toujours fan de lui. Et j'ai la chance de pouvoir dire qu'il est encore meilleur ami que mentor, ce n'est vraiment pas du bluff !

D'une certaine manière, c'est comme si j'avais des tas de grands frères et sœurs, tous là pour me recadrer quand je dérape : Scooter, Usher, Kenny, Fredo, Allison, Ryan, Matrix, Scrappy, Moshe (mon garde du corps), Mike et Dan, ils ont tout vu et tout fait, ce qui m'empêche de commettre des bourdes trop graves. Parfois nous nous disputons les uns les autres, mais au bout du compte je sais que tous ces gens sont là pour me protéger, et j'en fais autant pour eux. Nous sommes une famille construite sur la loyauté et la confiance, un vrai gang de frères.

« Je remercie Pattie, la mère de Justin, d'avoir été aussi protectrice dès le début. C'est une femme qui a la foi. Je sais que lorsqu'ils ont commencé, elle priait, et qu'elle continue de prier pour l'entourage de Justin. Quand on voit cette équipe, on sent les effets de ses prières, elle voulait qu'il soit entouré de gens qui l'aiment et le protègent. Je ne dis pas que tout sera toujours parfait autour de lui, mais en ce qui concerne les gens avec qui il passe la majeure partie de son temps, elles ont été exaucées. »

Kuk Harrell, producteur vocal

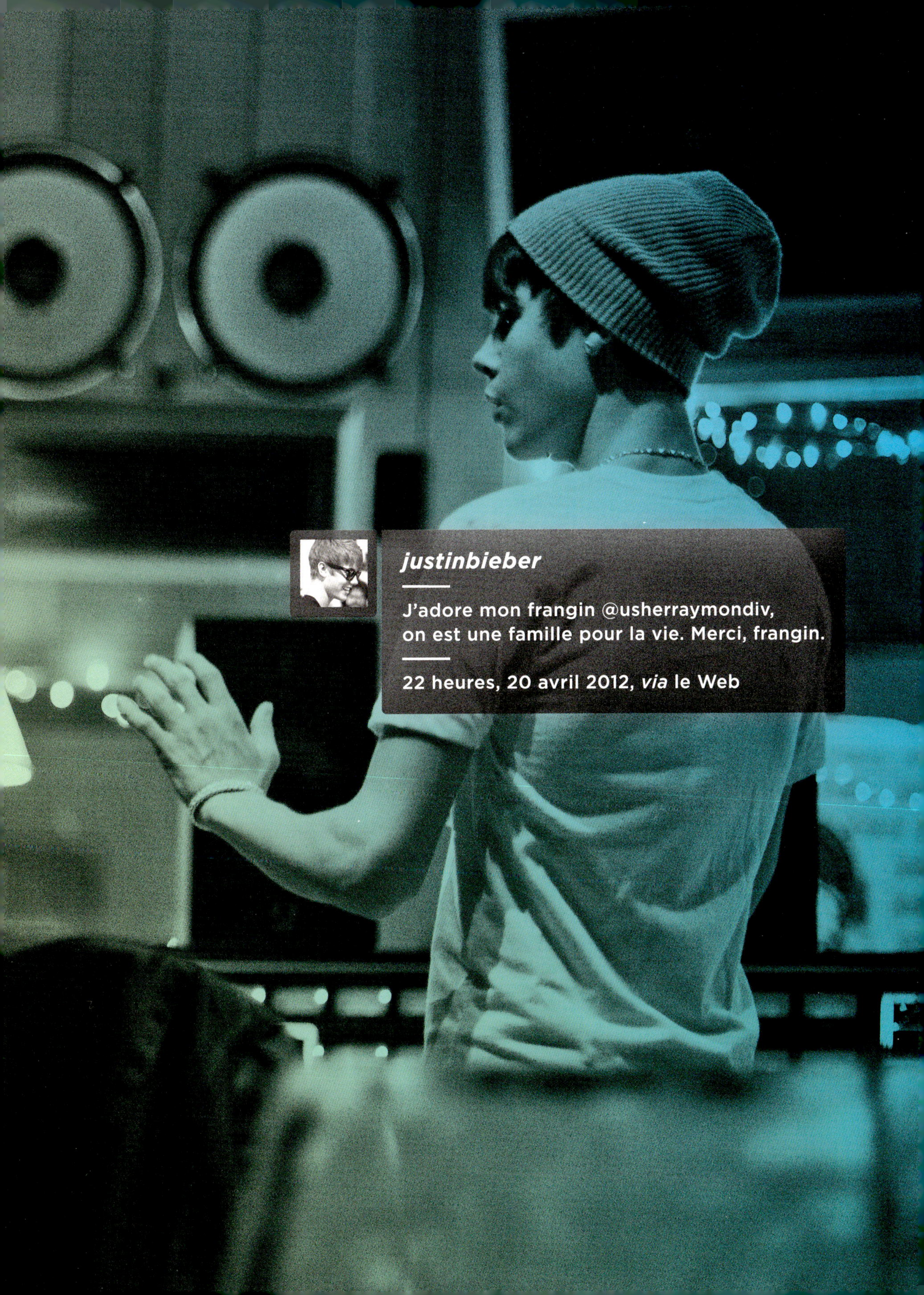

justinbieber

J'adore mon frangin @usherraymondiv,
on est une famille pour la vie. Merci, frangin.

22 heures, 20 avril 2012, *via* le Web

justinbieber

Je crois que je comprends que je ne vis plus une vie normale... mais je suis normal.
Les gens disent tout un tas de trucs, mais je sais qui je suis et je suis reconnaissant.

22 h 44, 18 janvier 2011, *via* le Web

justinbieber

Super soirée avec des super potes. Merci à tous ceux que j'ai rencontrés.
Tout le monde a été super sympa, et merci de m'avoir laissé être normal !

23 h 58, 29 octobre 2010, *via* le Web

RESTER FIDÈLE À SOI-MÊME

Memphis, Tennessee
31 juillet 2010

J'étais sur la route pour la première partie de la tournée américaine « My Tour » depuis un peu plus d'un mois, quand mes amis Ryan et Chaz sont venus en visite depuis Stratford. Scooter est passé à mon hôtel et m'a surpris en train de regarder le parking depuis la fenêtre de ma chambre.

– Qu'est-ce que tu as ? On dirait le mec le plus déprimé du monde !

– Ryan et Chaz sont en train de faire du skate dehors.
Je me suis retourné pour les regarder s'amuser normalement avec leurs planches, devant des milliers de mes fans qui faisaient le siège de l'hôtel sans leur prêter attention. Vous voyez, mes potes avaient une liberté que je n'avais plus. Tout ce que je voulais, c'était vivre quelque chose de normal et faire du skate avec mes copains, mais je savais que si je descendais les rejoindre, ce serait l'émeute.

– Tu veux aller faire du skate ? m'a demandé Scooter.

– Oui, mais j'ai compris.
Scooter voyait bien que cela me déprimait, mais que je comprenais la situation, enfin si on veut. Être un ado normal, ce n'était plus possible pour moi. J'essayais de me montrer mature, de me raisonner et d'accepter. Mais j'avais les boules de devoir rester à tourner comme un poisson rouge dans son bocal pendant que mes copains étaient dehors.

Scooter était embêté de me voir comme cela.
– Allez, prends ton skate, tu vas pouvoir en faire !

– Quoi ?
J'ai cru qu'il blaguait. Il n'était pas question que je sorte, sinon c'était la foire d'empoigne, mais il a insisté.

– Je te dis que tu vas aller faire du skate, fais-moi confiance !
Comme il avait l'air d'avoir une solution, j'ai suivi. J'ai pris mon skate avec un grand sourire et nous sommes descendus.

– Attends-moi là.
Il m'a fait signe de rester en arrière et de patienter pendant qu'il allait parler à la foule. Le simple fait de le voir a suffi à exciter tout le monde. Comme presque tous ceux qui m'entourent sont devenus célèbres en quelque sorte, quand des fans voient mon pote Alfredo (surnommé Fredo), mon directeur musical Dan, Kenny, Scooter, Allison ou tout autre membre de mon équipe, ils perdent la tête. C'est un peu dingue, mais d'une certaine manière c'est bien, parce que cela m'enlève un peu de la pression que je subis.

J'ai les fans les plus incroyables du monde, et je suis reconnaissant envers chacun d'entre eux.

Scooter a commencé à leur parler comme à des amis, plutôt qu'à des fans. Comme il les connaît et qu'ils le connaissent, s'il demande quelque chose, la plupart du temps, on peut parvenir à nos fins. Parfois, ils sont tellement bruyants qu'ils n'entendent pas ce qu'il essaie de leur dire. Mais ce soir-là, ils ont été particulièrement cool.

« Je voudrais que vous m'écoutiez. Vous voyez ces mecs, là-bas ? Ce sont Ryan et Chaz, les potes de Justin. Justin était dans sa chambre, à se lamenter qu'il ne pouvait pas avoir une vie normale et descendre faire du skate. On sait que vous le respectez assez pour lui offrir ce moment et le partager avec lui. C'est plus important que tout. Je veux qu'on passe un accord, vous et moi. Il va sortir, et au bon moment, on va venir à vous et il fera une grande photo de groupe avec vous tous. Et on partagera quelque chose de privilégié que des tas de fans n'ont jamais eu. Vous allez pouvoir le voir vivre normalement avec ses potes pendant toute une soirée. Pas question de lui crier dessus ou de prendre des photos. Pas question de lui demander des autographes. On va le laisser vivre une vie d'ado normal ce soir. Marché conclu ?

Et cela a suffi pour qu'ils acceptent.

À peine Scooter avait-il tourné les talons qu'un de mes fans a crié : « Dites à Justin qu'on veut qu'il ait une vie normale ! »

Je suis sorti et j'ai répondu : « J'ai entendu. Merci, ce soir, je vais simplement être normal, et j'apprécie vraiment beaucoup. »

Et franchement, j'appréciais. À fond.

J'ai fait du skate pendant une heure et demie. Tous les fans se sont assis sur le trottoir et m'ont regardé, sans chahuter ni faire d'histoires.

Comme promis, quand j'ai terminé, je suis allé me faire prendre en photo avec tout le monde, par groupes d'une douzaine. J'ai les fans les plus incroyables du monde, et je suis reconnaissant envers chacun d'entre eux. À mesure que nous prenions les photos, je les ai remerciés, puis je suis remonté me préparer pour le concert. Mais il y a un détail amusant dans cette histoire : quand mes fans ne font pas le siège de mon hôtel, je suis contrarié parce que savoir qu'ils sont là me réconforte. Et qui sait, peut-être que d'autres moments comme celui-là pourront de nouveau avoir lieu avec eux. Merci ! Trouver le temps d'être un ado normal est sacrément difficile, mais pas impossible. Mes fans me respectent et me permettent d'être comme tout le monde quand j'en ai besoin.

Trouver le temps d'être un ado normal est sacrément difficile, mais pas impossible. Mes fans me respectent et me permettent d'être comme tout le monde quand j'en ai besoin.

MOMENT DÉCISIF

Orlando, Floride
4 août 2010

SCOOTER :

« Justin avait un comportement un peu bizarre avant son concert d'Orlando. Je sentais que quelque chose clochait, mais je ne savais pas quoi. Lui et moi nous nous sommes disputés, ce qui arrive rarement, surtout juste avant qu'il ne monte sur scène. Je ne me souviens même pas de quoi il s'agissait, mais je sais que ce n'était rien d'important. Un de mes potes était là et a surpris l'échange.
– Mec, tu es sûr que tu veux lui crier dessus comme ça juste avant qu'il n'entre en scène?

– Tu ne comprends pas. Quand Justin arrive sur scène, c'est comme s'il appuyait sur un bouton, tout ce qui se passe avant ne l'affecte pas. J'étais tellement certain de ce que j'affirmais que je ne craignais pas que notre dispute ait une influence sur sa performance de la soirée. Bien entendu, Justin a donné un concert exceptionnel. Mon copain n'en revenait pas de l'avoir vu si fâché contre moi et que sa colère ait aussitôt fondu quand il était entré en scène. Moi, je n'étais absolument pas surpris. C'est un artiste-né. Quand il est en scène, il est à fond dedans. Quand il en sort, l'adrénaline fait encore effet un petit moment, mais il redevient un ado normal. J'avoue que notre dispute avant le show me tracassait un peu et que je voulais savoir ce qu'il avait. Alors, quand le concert a été terminé, je l'ai regardé et j'ai dit :
– Réunion de l'équipe.

– Pourquoi?

– Tu le sais très bien.

J'ai emmené toutes les personnes concernées dans une salle, j'ai regardé Justin et j'ai simplement dit :
– Qu'est-ce qu'il y a? Tu te comportes bizarrement, qu'est-ce qui ne va pas?

C'est là qu'il a eu une réaction que je lui ai rarement vue. Il s'est effondré en larmes.

J'ai fait sortir les autres. Il était évident qu'il fallait qu'on discute sérieusement en tête à tête. Justin s'est assis et m'a dit que cela ne lui plaisait pas d'être célèbre et qu'il ne supportait plus la pression. Il disait qu'il ne pouvait pas sortir, ni faire tout un tas de trucs, parce qu'il y avait toujours des milliers de fans devant son hôtel. Partout où il va, il est pris d'assaut. Il m'a expliqué que, d'un côté, il adorait voir tous ces gens parce qu'il savait qu'ils l'aimaient, mais qu'en même temps il a seize ans et envie d'être normal. Il s'efforçait d'exprimer au mieux ce qu'il éprouvait, et moi de l'écouter attentivement, pour qu'il se sente compris et en sécurité.

À la fin, j'ai respiré un bon coup, et je lui ai dit :
– On a deux possibilités, soit on fait dans le genre pop-star ado sans plan de carrière à long terme. On poursuivra pendant quelques années, après quoi ce sera terminé – oui, j'ai bien dit *terminé*. Soit on s'en tient à notre plan actuel, qui consiste à suivre le chemin créatif tracé par Michael Jackson pour construire une carrière à long terme à l'épreuve du temps, te permettant d'espérer ce qu'il est le seul à avoir atteint. Si tu veux avoir la carrière de Michael Jackson, il faut comprendre que tu ne pourras plus jamais être normal. Ce sera toujours comme cela, et il faut que tu acceptes que le monde fait désormais partie de ta vie, et que tu appartiens aux fans autant qu'ils t'appartiennent. Je ne peux pas prendre la décision pour toi, il faut que tu décides dès maintenant ce que tu veux.
Justin est resté sans réponse, peut-être un petit peu trop longtemps. Puis il a levé les yeux et m'a dit :
– Je veux rencontrer Kobe Bryant.

J'ai été un peu pris de court par cette réaction. C'était la dernière réponse que j'imaginais.

– Pourquoi veux-tu rencontrer Kobe Bryant ?

– Parce que je pense qu'il a poursuivi l'esprit de Michael Jordan pendant toute sa carrière, et que quoi qu'il fasse, les gens ne diront jamais qu'il était aussi bon que Jordan. Et je veux savoir comment il gère ça. Et aussi si ça en vaut la peine.

Je devais admettre qu'il avait raison. J'ai donc accepté.
– OK, je vais t'arranger un rendez-vous avec Kobe Bryant.

Juste avant qu'on quitte l'hôtel, je l'ai regardé et j'ai dit :
– Quelle que soit ta décision, je t'ai fait une promesse quand tu avais treize ans.

– Je sais.

Justin était juste devant moi, je pouvais le regarder droit dans les yeux.

– Je te protégerai toujours, mais je vais te pousser à être le meilleur aussi longtemps que tu le désireras.

ΩVΩ

« J'encourage toujours Justin à mener une vie authentique et à s'efforcer de garder les pieds sur terre. »

Scooter Braun

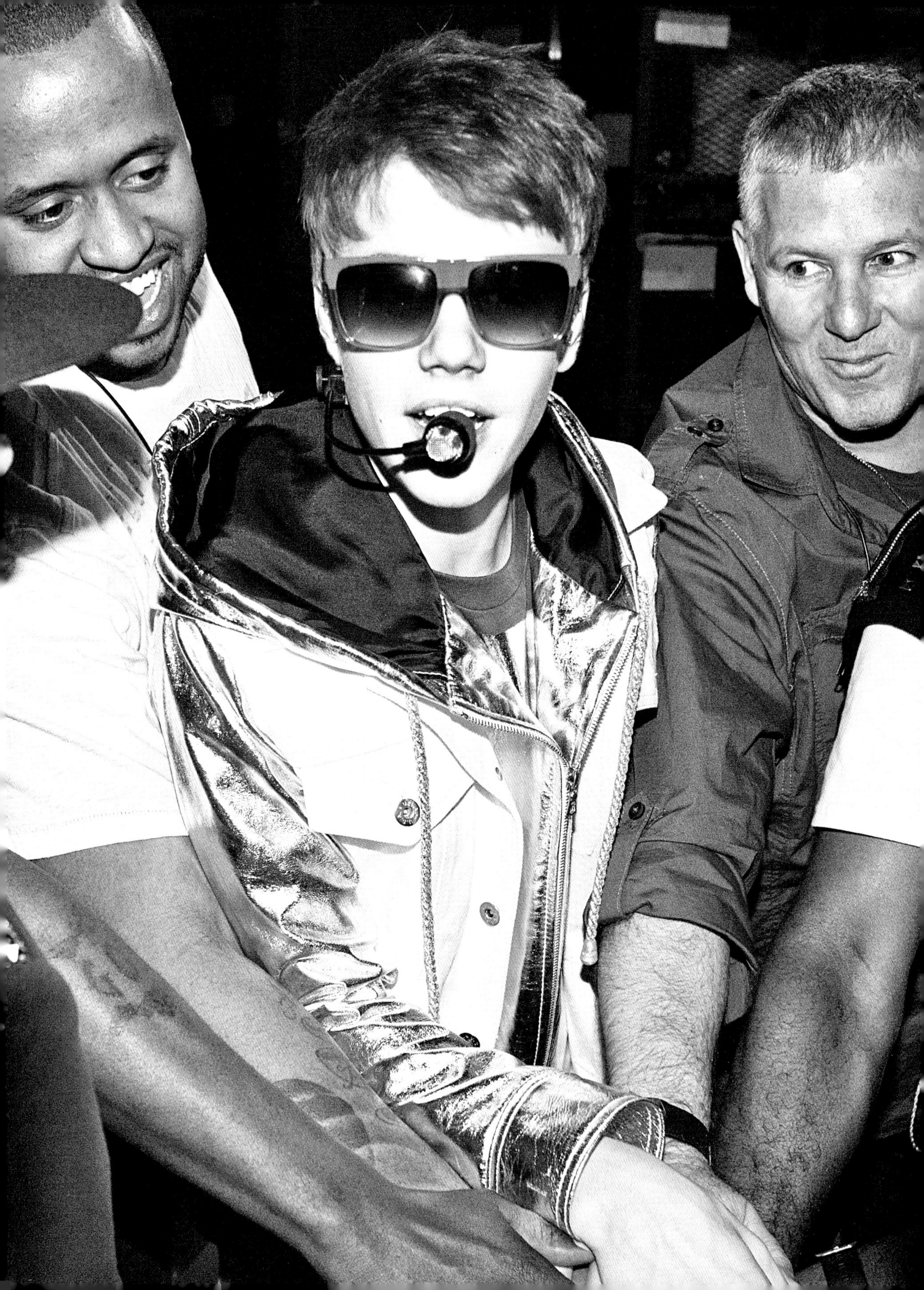

Il m'a regardé, sincère comme jamais.
– Ça me va et c'est ce que je veux. Je comprends, mais parfois, c'est dur.

Et figurez-vous qu'il avait raison. Parfois c'est difficile, mais la vie est dure, et pour être obtenues, les meilleures choses qu'elle peut offrir exigent beaucoup de travail, de détermination et de persévérance.

Justin et moi sommes restés dans la salle de concert à discuter jusqu'à une heure et demie du matin. Tout s'est conclu par une embrassade, comme chaque fois en pareille circonstance. Alors que nous étions prêts à partir, toutes les voitures avaient disparu, sauf celle d'un type du coin, une vieille Toyota cabossée. Il y avait encore des jeunes qui attendaient Justin dehors. Nous disant que personne ne se douterait qu'il était dans cette vieille bagnole, nous l'avons caché à l'arrière et nous sommes retournés à l'hôtel.

Depuis cette soirée, chaque fois que nous rencontrons des difficultés, nous reparlons d'Orlando. Il n'a plus jamais abordé le sujet de cette manière, mais parfois je vois que ces sentiments le travaillent.

Globalement, Justin a accepté que cette vie soit la sienne et il a appris à l'apprécier. C'était il y a quelques années, et désormais il ne connaît pas vraiment d'autre vie.

Comme cette conversation a eu lieu très tôt dans sa carrière, alors que nous n'avions pas donné plus de trente concerts, je comprenais sa perplexité. Tout était nouveau et, j'avoue, un petit peu déstabilisant pour nous tous. Depuis, Justin a chanté dans cent quatre-vingts stades et grandes salles à guichets fermés, devant le président des États-Unis et sa famille à trois reprises, pour plus d'un milliard de personnes du monde entier à la veille du Nouvel An, et est devenu une icône internationalement connue. Même après toutes ces expériences, pour moi il restera éternellement *le Kid*.

J'encourage toujours Justin à mener une vie authentique et à s'efforcer de garder les pieds sur terre. Je suis fier de dire que grâce à sa mère et tous ceux qui l'entourent depuis le début, il a bénéficié d'une stabilité dans son existence. Tous les enfants, célèbres ou pas, en ont besoin, et c'est un facteur capital pour qu'il puisse rester normal dans des circonstances qui ne le sont pas. »

RENCONTRE AVEC KOBE

Peu après ma discussion avec Scooter à Orlando, il a organisé, comme promis, une rencontre entre Kobe Bryant et moi. Nous nous sommes retrouvés pour un dîner à Los Angeles pour que je puisse lui parler de cette histoire de Michael Jordan. Il n'y avait que nous deux, personne d'autre. Quand je lui ai demandé où il se voyait dans le basket par rapport à Michael Jordan, il a commencé par me dire que cela lui donnait un but à atteindre, et qu'à la fin de sa carrière il espérait que les gens verraient ce qu'il avait accompli en chemin. Il m'a dit qu'il voulait être le meilleur joueur possible, qu'il pouvait considérer Michael Jordan comme un modèle, mais qu'il ne pouvait pas se préoccuper des comparaisons faites par d'autres.

J'ai été stupéfait par sa vision des choses. Je me sentais sur la même longueur d'ondes que lui et j'avais envie d'en savoir plus. Comme j'étais curieux, je lui ai demandé quel genre de musique il écoutait pour se donner de l'énergie avant les matches. Il m'a regardé sans comprendre.

– Quand on était aux jeux Olympiques, D. Wade et Lebron écoutaient de la musique, mais je ne comprends pas ça. Je suis un assassin et je suis prêt à tuer tout de suite.

Il m'a dit cela avec une espèce de violence, puis brusquement il est devenu tout sourire. J'ai adoré cette mentalité de guerrier. Kobe est toujours sur la brèche et prêt à se battre, deux traits que je trouve fantastiques et que j'aspire à posséder moi aussi.

Comme j'avais entendu dire qu'il connaissait Michael Jackson, nous avons un peu parlé de lui. Il m'a raconté que Michael expliquait qu'il étudiait les plus grands, leurs mouvements, leurs chansons, tout, de manière à pouvoir absorber leurs connaissances et leur expérience du passé. Cette philosophie tenait parfaitement debout, et j'ai immédiatement voulu l'adopter pour mon propre compte et pour ma carrière. On dit que c'est en forgeant qu'on devient forgeron, mais je préfère modifier un peu l'expression : c'est en forgeant à la perfection qu'on devient un forgeron exceptionnel. Si on s'entraîne selon les mauvaises méthodes, on prend de mauvaises habitudes. Mais si on s'entraîne correctement avec les bons mentors, on peut devenir un grand.

Pour la première fois, je crois avoir compris que je ne serai jamais plus normal. Je ne peux pas connaître une vie banale, mais ce n'est pas pour autant que cela doit me rendre fou. Comme beaucoup de gens dépendent de moi, je dois faire des choix. Ma santé mentale est tout aussi importante que mon talent artistique. Je veux continuer d'être artiste de scène et je veux atteindre la perfection. Ce soir-là, ce que m'a appris Kobe, c'est que je ne peux que m'efforcer de donner le meilleur de moi-même, et que le reste suivra.

Bosse dur.
Joue dur.
Boxe dur.

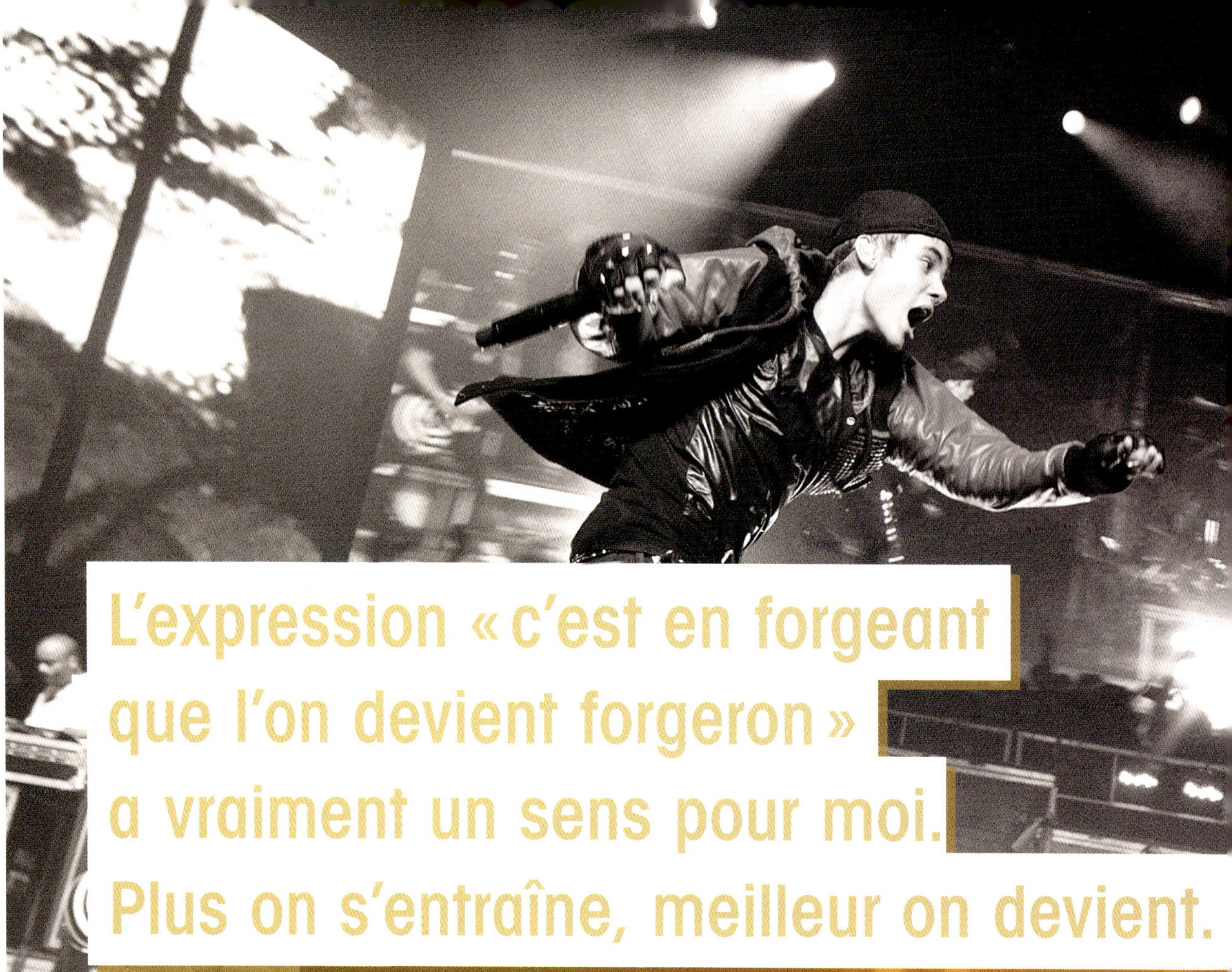

L'expression « c'est en forgeant que l'on devient forgeron » a vraiment un sens pour moi. Plus on s'entraîne, meilleur on devient.

KORG

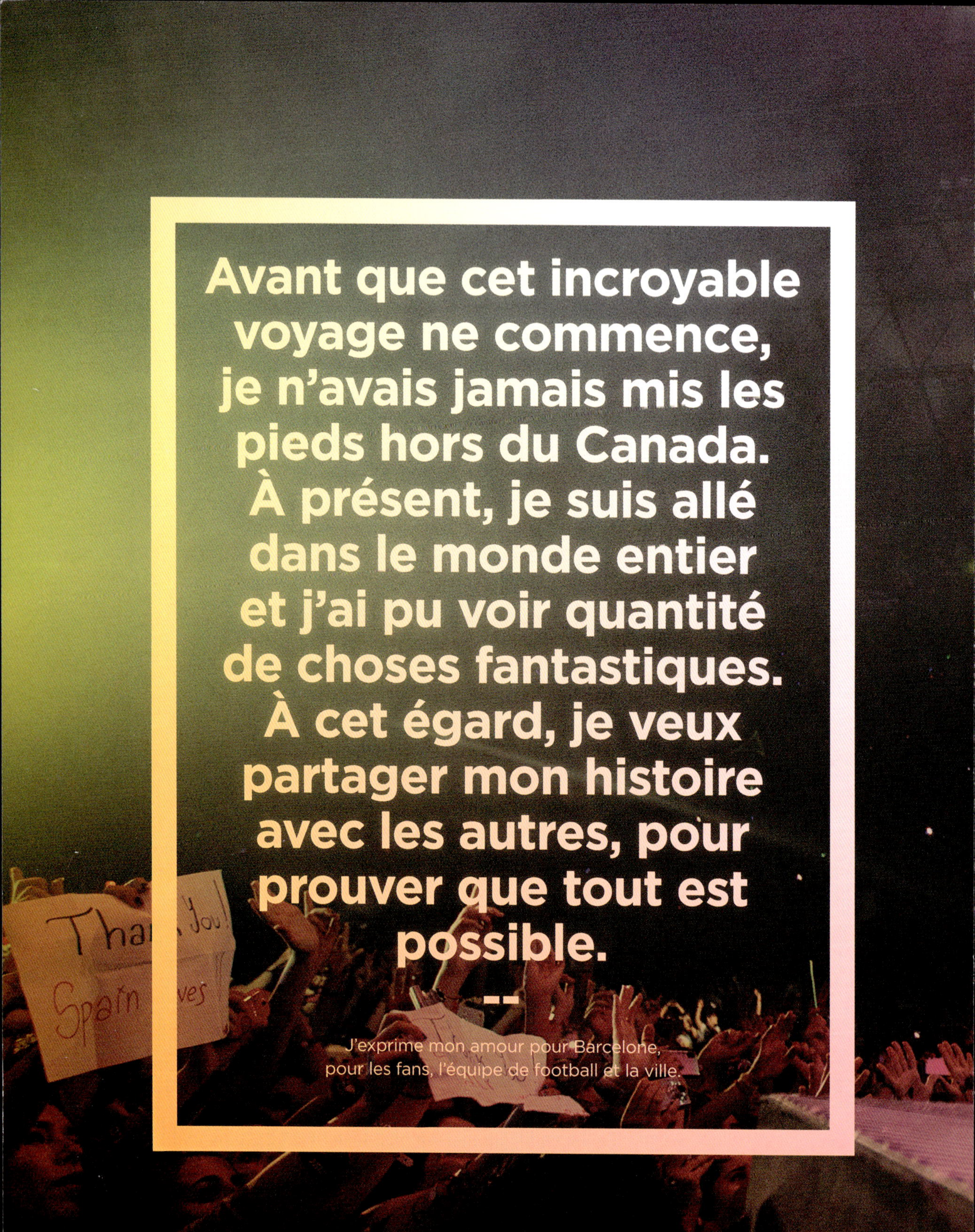

Avant que cet incroyable voyage ne commence, je n'avais jamais mis les pieds hors du Canada. À présent, je suis allé dans le monde entier et j'ai pu voir quantité de choses fantastiques. À cet égard, je veux partager mon histoire avec les autres, pour prouver que tout est possible.

--

J'exprime mon amour pour Barcelone, pour les fans, l'équipe de football et la ville.

CHAPITRE 2

AUTOUR DU MONDE

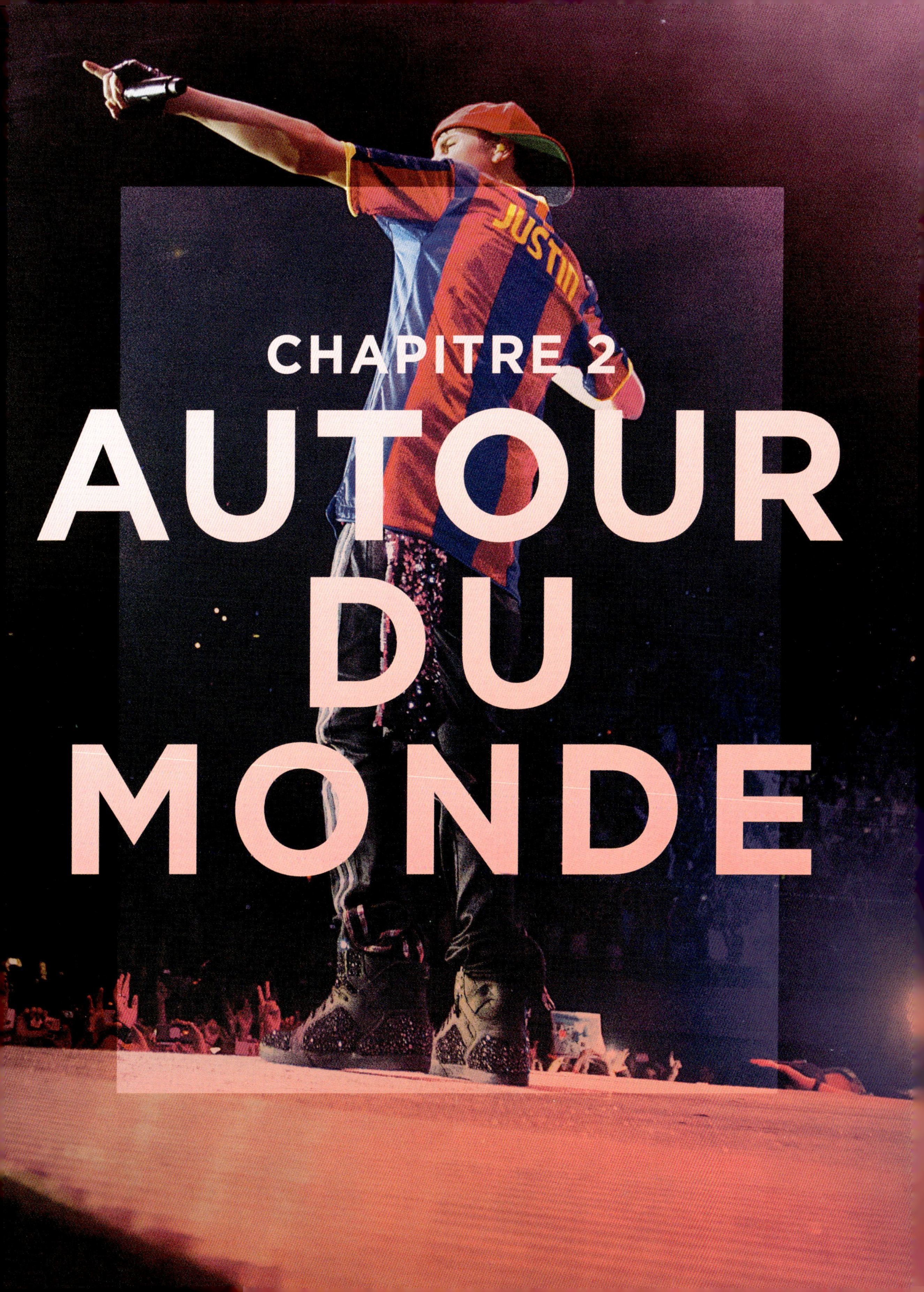

MA TOURNÉE MONDIALE 2010-2011

AMÉRIQUE DU NORD

ÉTATS-UNIS

HARTFORD
TRENTON
CINCINNATI
MILWAUKEE
MINNEAPOLIS
DESMOINES
MOLINE
OMAHA
GRAND PRAIRIE
TULSA
BROOMFIELD
WEST VALLEY
EVERETTE
PORTLAND
OAKLAND
RENO
LOS ANGELES
LAS VEGAS
GLENDALE
KANSAS CITY
NORTH LITTLE ROCK
MEMPHIS
LAFAYETTE
ORLANDO
SUNRISE
CHARLOTTE
DULUTH
NASHVILLE
INDIANAPOLIS
COLUMBUS
AUBURN HILLS
ALBANY
PROVIDENCE
NEWARK
NEW YORK CITY
SYRACUSE
ESSEX JUNCTION
ALLENTOWN
TIMONIUM
HONOLULU
SACRAMENTO
ONTARIO
ANAHEIM
SAN JOSE
SAN DIEGO
OKLAHOMA CITY
SAN ANTONIO
HOUSTON
SAINT-LOUIS
LOUISVILLE
CLEVELAND
NORFOLK
PHILADELPHIA
BOSTON
EAST RUTHERFORD
ATLANTIC CITY
MANCHESTER
PITTSBURGH
GREENSBORO
GREENVILLE
MIAMI
TAMPA
BIRMINGHAM
ATLANTA

MEXIQUE

MONTERREY
MEXICO

CANADA

TORONTO
LONDON
OTTAWA
WINNIPEG
SASKATOON
EDMONTON
CALGARY
MONTRÉAL

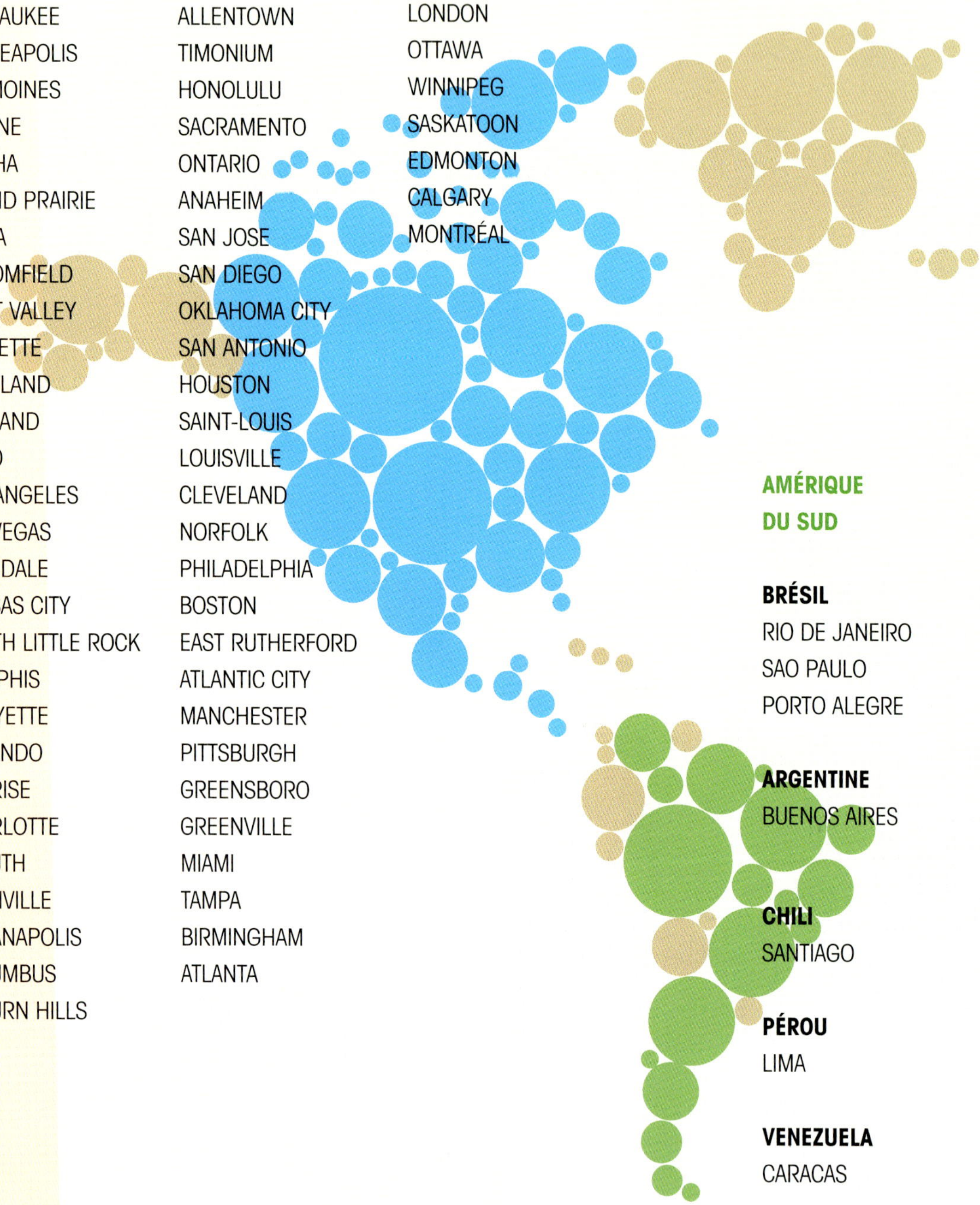

AMÉRIQUE DU SUD

BRÉSIL

RIO DE JANEIRO
SAO PAULO
PORTO ALEGRE

ARGENTINE

BUENOS AIRES

CHILI

SANTIAGO

PÉROU

LIMA

VENEZUELA

CARACAS

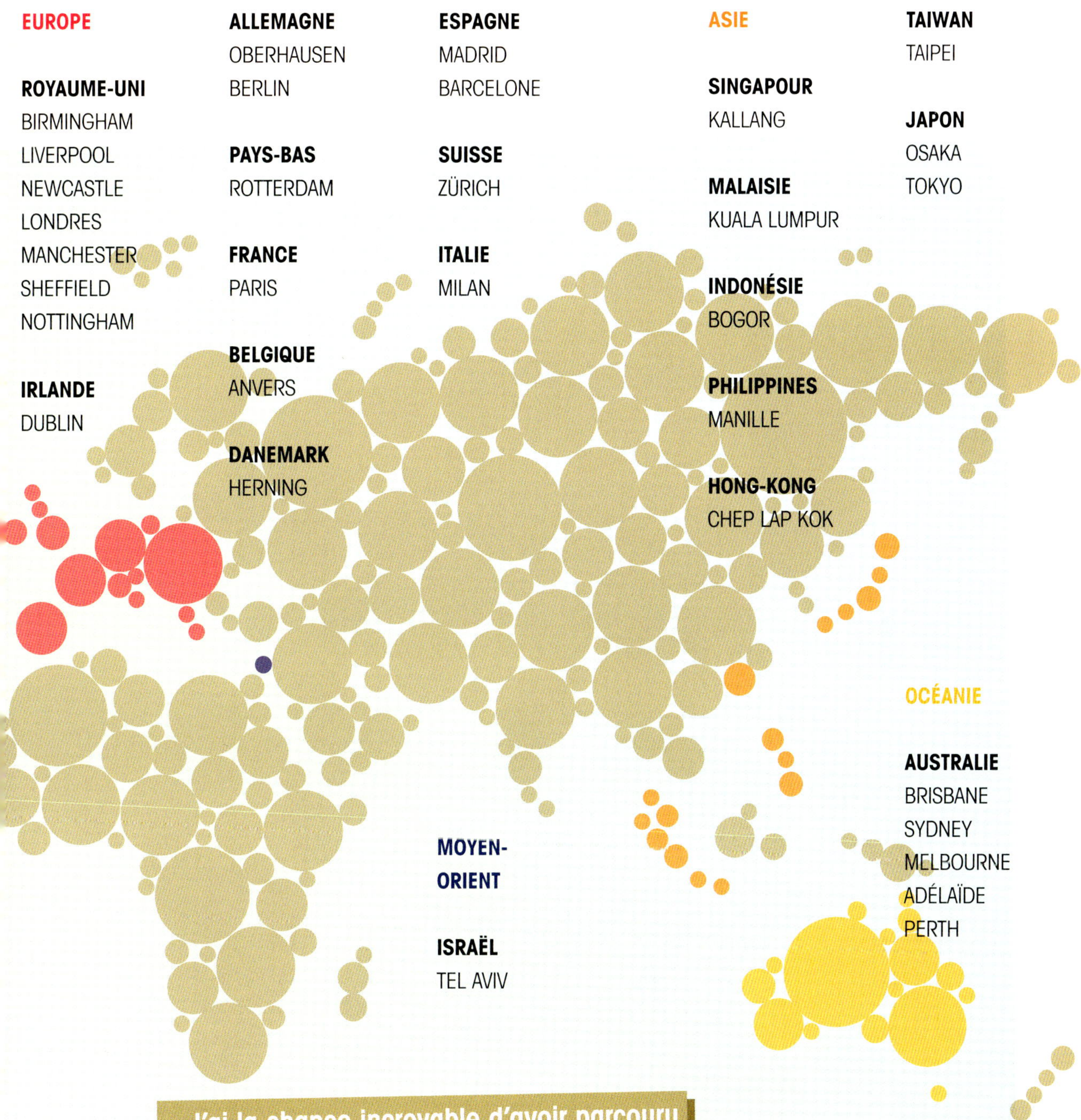

« J'ai la chance incroyable d'avoir parcouru le monde entier et d'avoir vu quantité d'endroits, de gens et de cultures fantastiques. Ma première tournée mondiale a été épique – regardez tous les endroits où nous sommes allés – et la prochaine sera encore plus étendue et meilleure. Guettez-la ! »

PARIS ET BARCELONE

Quand nous sommes en tournée, Allison organise généralement pour nous des excursions extraordinaires, surtout quand nous sommes à l'autre bout du monde. Au lieu de me documenter dans des livres, je peux voir ces endroits de mes propres yeux. Parfois c'est intéressant, parfois moins.
Comme lorsque nous étions à Paris – je voulais voir le Louvre, la tour Eiffel, et me promener dans les rues célèbres de la Ville lumière. Seulement, quand nous sommes arrivés au Louvre, les choses se sont un peu emballées. Il y avait des milliers de gens venus pour la même raison que moi, contempler des œuvres d'art légendaires. Mais à mesure que le bruit de ma présence dans le musée se répandait, brusquement ce n'était plus seulement la Joconde que les gens voulaient avoir en photo. Je me demandais comment on pouvait préférer me photographier plutôt qu'elle, pour moi, cela ne tenait pas debout, mais avant que j'aie eu le temps de dire ouf, je me suis retrouvé poursuivi par la foule à travers tout le musée. Bien que je ne sois pas franchement aussi intéressant que les œuvres présentées, j'ai été obligé de partir, parce que cela dérangeait tout le monde.

D'un autre côté, ma place a parfois ses avantages. Lorsque nous étions à Barcelone, j'ai été invité à jouer au football avec le FC Barcelone durant l'une de leurs séances d'entraînement.

J'étais avec mon pote Ryan, avec qui j'ai joué au foot dans mon enfance au Canada. Gamins, nous faisions tous les deux partie de l'équipe de football All-Star. Alors, qu'on nous demande de venir jouer avec l'équipe de Barcelone, c'était vraiment sensationnel, la réalisation d'un vrai rêve. Ils nous ont effectivement laissés venir nous entraîner sur le terrain avec eux, et on m'a offert un maillot à mon nom. C'était vraiment un bon moment, et je dois dire que nous nous sommes accrochés face à ces mecs (mais peut-être qu'ils ont laissé faire ?). J'ai marqué un but et c'était super cool. Ils ont dit que nous étions les seules personnalités à avoir joué avec eux de toute l'année, c'était vraiment un grand honneur.

justinbieber

Désolé, j'ai été absent, mais j'ai pas mal joué au fútbol et tourné... et aussi visité, J'ADORE L'ESPAGNE !

14 h 10, 6 avril 2011, *via* le Web

CI-DESSUS ET CI-CONTRE : Mes débuts au golf. Évidemment, j'ai fait un trou en un !

BRÉSIL

Quand nous étions à Sao Paulo, au Brésil, un homme d'affaires de la ville m'a invité avec une partie de l'équipe à jouer au golf sur son green privé. Hé ouais, il avait un parcours dans son jardin, c'était dingue ! Chaque trou était une réplique de ses préférés parmi les greens les plus célèbres du monde. Comme l'invitation avait été lancée à la dernière minute, personne n'avait de clubs ni de tenue adéquate, mais puisque c'était une occasion qui n'arrive qu'une fois dans la vie, nous avons accepté !

Je n'ai pas arrêté de faire des blagues aux autres en desserrant les lanières qui maintenaient leurs clubs à l'arrière de leurs voiturettes, ce qui fait que tout tombait dès qu'ils accéléraient. En fin de compte, quelqu'un m'a rendu la pareille, et tout mon matériel a dégringolé et roulé jusqu'en bas d'une côte. Il a fallu que j'aille rechercher mon sac, ce qui a provoqué un éclat de rire général. Attendez, là, on venait de me faire une blague ? (Sans doute en avaient-ils tellement marre qu'ils m'ont rendu la monnaie de ma pièce.)
Quoi qu'il en soit, personne n'a revendiqué le coup du sac, mais je sais qui est le coupable, et la vengeance est un plat qui se mange froid… (Oh, oui, tu ne perds rien pour attendre, je me vengerai !)

justinbieber

Super partie de golf ce matin, à SAO PAULO… Maintenant, en route pour le concert, ROUND 2.

13 h 29, 9 octobre 2011, *via* le Web

Ma philosophie : aimer le plus possible et répandre cet amour le plus loin qu'on peut.
Sao Paulo, cette chanson est pour toi.

BIEBERMANIA LIVERPOOL, ROYAUME-UNI

Donner un concert à Liverpool était pour moi la réalisation d'un rêve absolu, parce que c'est de là que sont originaires les Beatles. Je tenais absolument à faire la visite de la ville dans leurs traces, mais cela n'a finalement pas été possible.

Si l'Amérique a été submergée par la Beatlemania dans les années soixante, Liverpool a eu sa dose de Bierbermania en 2011. La foule qui se massait devant mon hôtel était si énorme, quand j'ai voulu partir faire la visite, que les autorités ont carrément menacé d'arrêter l'équipe si jamais on tentait de s'en aller. Du coup, je n'ai pas pu sortir de l'hôtel. Il y avait trop de fans dehors à maîtriser, et la police n'avait tout bonnement pas assez d'hommes pour gérer une telle foule, ils ont même dû fermer des rues ! C'est ce que j'ai vu de plus dingue durant ma tournée européenne. C'était tellement électrique que la sécurité ne voulait même pas que je sorte sur le balcon ! La seule chose que je pouvais faire, c'était de rester dans ma chambre, à jouer avec ma console en attendant l'heure du concert...

Le lendemain, j'ai finalement eu la permission de tenir ma promesse d'une visite à l'hôpital pour enfants de la ville. Même si tout avait été organisé très à l'avance, aucun des enfants ne savait que je venais, et c'était une énorme surprise pour eux, que je tenais à leur faire. Quand j'ai franchi la porte, j'étais la dernière personne qu'ils s'attendaient à voir ! Liverpool a été inoubliable pour tout un tas de raisons, mais surtout pour le temps que j'ai passé avec ces enfants ce jour-là. C'était un bonheur de voir leurs sourires, surtout quand je leur ai donné les peluches que j'avais apportées pour eux. Partager de tels moments avec des enfants comme ça illumine vraiment une journée.

Je m'efforce toujours de caser des visites dans des hôpitaux pour enfants, ou de rencontrer des jeunes parrainés par des associations humanitaires comme Make-A-Wish. Durant la partie nord-américaine de la tournée, j'ai joué dans quatre-vingt-six villes, et j'ai essayé de voir un enfant de Wish à chaque étape. Quelques heures de mon temps, c'est un petit geste simple que je peux faire pour aider les autres, et j'adore ça. C'est triste et parfois très dur de voir autant d'enfants malades, mais c'est également motivant de voir qu'ils résistent et luttent avec énergie pour leur vie. Passer du temps avec eux me rappelle ce qui compte vraiment, et combien j'ai de la chance de faire ce que j'aime, alors que tant d'autres gens n'ont pas cette possibilité.

À l'hôpital pour enfants de Liverpool. C'est très important pour moi d'aider les autres.

Y
L

Bon anniversaire, maman.
Je t'aime.

justinbieber

Super concert à Berlin… J'ai fait monter @studiomama sur la scène 2 pour lui chanter *Happy Birthday*, mais elle s'est brûlé les cheveux sur les bougies. Lol. Je l'ai sauvée.

15 heures, 2 avril 2011 *via* le web

BERLIN

Ma tournée à Berlin a été super spéciale, parce que je voulais faire une surprise à ma mère avec un gâteau d'anniversaire, que je voulais lui offrir sur scène durant le concert. Allison (qui s'occupe de gérer mon quotidien) en a trouvé un superbe, que nous avons gardé en coulisses. Ma mère ne s'attendait pas que je lui souhaite son anniversaire à ce moment-là, mais enfin je n'allais pas manquer l'occasion, non ? Quand j'ai interrompu la musique, j'ai demandé à Kenny de la faire monter sur scène. J'ai vu qu'elle était mal à l'aise, elle n'arrêtait pas de demander ce qui se passait. Elle fait toujours celle qui ne comprend pas ce qui lui arrive, mais il faut voir la réalité en face, les mères savent toujours tout ce qui se mijote !

À son arrivée sur la scène, je tenais l'énorme gâteau avec des bougies, le temps que le public et moi puissions lui chanter *Happy Birthday*. Quand elle s'est penchée pour les souffler, elle s'est brûlé les cheveux ! Ils ont pris feu en un rien de temps, elle a sursauté, mais je l'ai attrapée si rapidement que j'ai pu éteindre les flammes avant que cela ne tourne au drame. Tout s'est passé si vite que je ne suis pas sûr qu'elle s'en soit rendu compte avant que tout n'ait été éteint. Voyant qu'elle était encore gênée et qu'elle commençait à sentir l'odeur de roussi, je me suis penché et je lui ai dit :
– Ne t'inquiète pas, maman, je t'ai sauvée !

Plus tard dans la soirée, je lui ai fait une autre énorme surprise, à laquelle elle s'attendait encore moins.

Quand j'étais en France pour enregistrer de nouvelles chansons en studio, j'avais en même temps enregistré ma version de la chanson *Mama*, de Boyz II Men, rien que pour elle. Mon régisseur, Scrappy, était le seul à être au courant. Quand nous avons terminé l'enregistrement, il adorait tellement la chanson qu'il m'a demandé s'il pouvait aussi l'offrir à sa mère !

Pour son anniversaire, cette année, j'ai enregistré une autre chanson en son honneur, intitulée *Turn to You*. Je l'ai sortie en single le jour de la fête des Mères en 2012, et tous les bénéfices ont été reversés à des associations d'aide aux mères célibataires.

TEL AVIV, ISRAËL

Pendant notre séjour en Israël, ma mère et Scooter ont organisé une semaine de vacances afin que nous puissions visiter la région. C'était super cool, parce que mon père et les parents de Scooter sont venus nous rejoindre. Même si nous travaillons tous ensemble, je crois que le fait que nous décidions de passer notre temps libre ensemble en dit long sur l'équipe. Nous avons vécu énormément de choses au cours des années, visité des tas d'endroits incroyables tout autour du monde et nous sommes devenus une famille étroitement liée.

Jérusalem a été particulièrement marquante pour moi. C'est une ville tellement chargée d'histoire, le théâtre de tous les épisodes bibliques que j'ai appris au catéchisme et dont j'ai entendu ma mère parler à l'église. Enfin quoi, c'est un terrain que Jésus a foulé de ses pieds ! Ce n'est pas rien. C'était pour moi l'occasion de voir tous les lieux saints et de vivre une expérience personnelle intime avec mes proches et ma famille. En définitive, je voulais visiter les différents sites historiques comme n'importe quel touriste. Mais évidemment, il a fallu que je m'y fasse, je ne suis pas un touriste ordinaire, et il a fallu franchir quelques obstacles pour y parvenir.

Malheureusement, les paparazzi étaient extrêmement agressifs, si bien que parfois, quand j'essayais de sortir pour me promener, je ne pouvais aller bien loin, et cela m'a un peu attristé, car l'expérience n'était pas tout à fait comme je l'aurais souhaité. Malgré tout, j'ai pu visiter la sépulture du Christ, l'endroit où il a été crucifié et le chemin par lequel est arrivé Moïse.

Comme ma mère comprenait combien j'étais déçu, elle a loué des buggies des sables et nous sommes partis dans le désert où il y a des pistes pleines de bosses, et croyez-le ou pas, des tonnes de boue... C'était super ! Nous avons aussi déniché un endroit où on pouvait faire du ski en intérieur, sur de la neige artificielle qui ressemblait plutôt à de l'herbe synthétique, sinon qu'elle était blanche. Nous ne pouvions pas faire tous les trucs traditionnels que nous avions prévus, alors nous avons trouvé un peu au hasard comment profiter de bons moments ensemble, et avons malgré tout passé des vacances agréables.

Moi, avec Alfredo dans notre buggy des sables. Il n'était pas couvert de boue à ce point-là, quand nous l'avons pris !

Avec Jaden et Alfredo. Qui se serait douté qu'on pouvait faire du snowboard en Israël ?

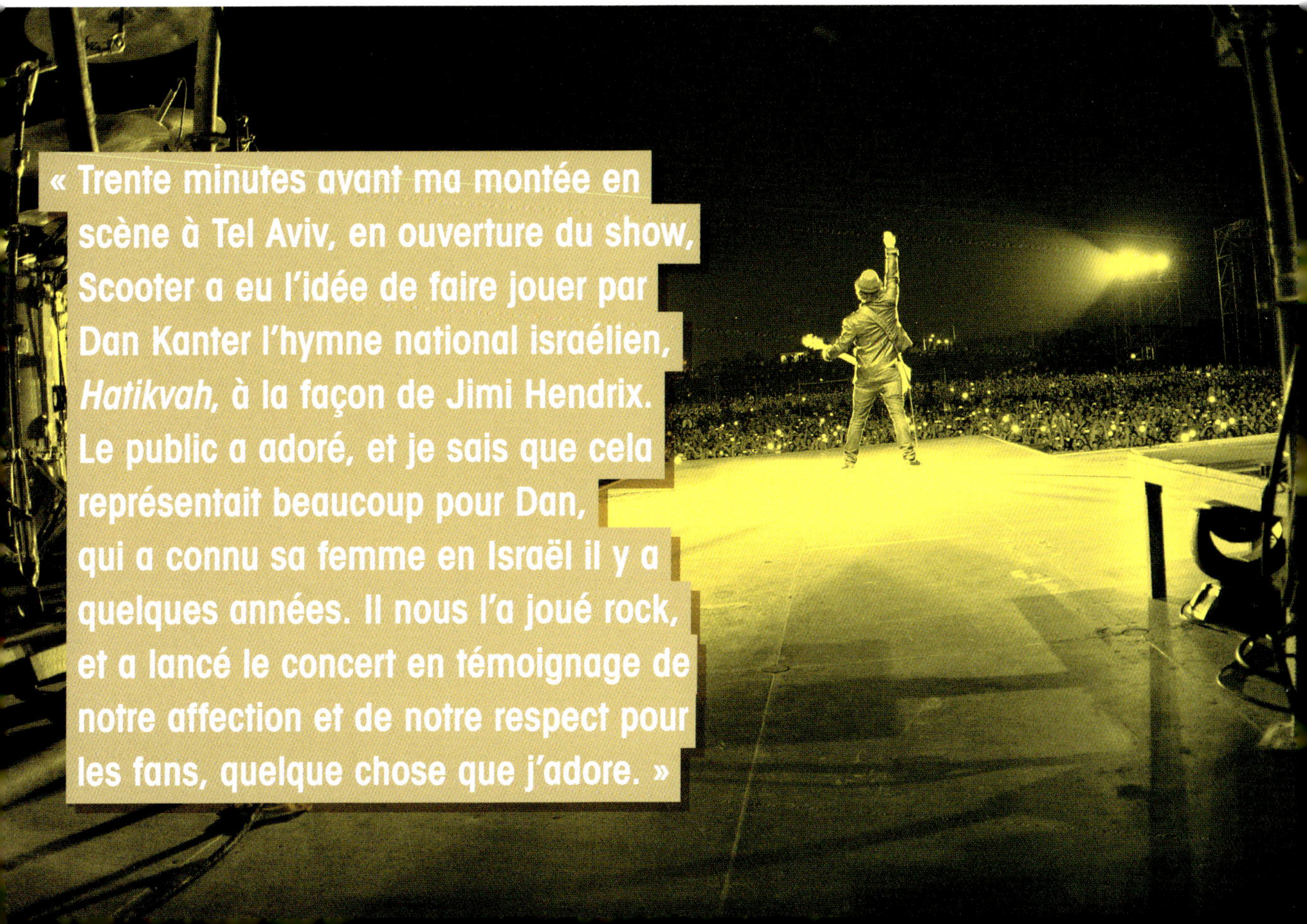

« Trente minutes avant ma montée en scène à Tel Aviv, en ouverture du show, Scooter a eu l'idée de faire jouer par Dan Kanter l'hymne national israélien, *Hatikvah*, à la façon de Jimi Hendrix. Le public a adoré, et je sais que cela représentait beaucoup pour Dan, qui a connu sa femme en Israël il y a quelques années. Il nous l'a joué rock, et a lancé le concert en témoignage de notre affection et de notre respect pour les fans, quelque chose que j'adore. »

6 The O2
Local

Avec les géniaux Will et Willow Smith, rassemblant nos énergies avant le concert de Dublin.
C'est comme cela qu'on démarre la fête !

justinbieber

Après un long vol de vingt-quatre heures et quelques ennuis incroyables, on a fini par y arriver. Merci à l'Indonésie et à notre journée secrète à Bali.

1 h 35, 26 avril 2011, *via* Twitter pour BlackBerry®

CI-CONTRE : Je fais mon Zoolander sur la plage de Bali.

BALI, INDONÉSIE

Pendant la tournée en Indonésie en 2011, un homme d'affaires du pays nous a généreusement proposé sa maison pour que l'équipe et moi puissions nous reposer et nous détendre quelques jours après le concert. Nous avons été heureux d'accepter, et ma mère, Scooter, Carin, Dan, Kenny, Fredo, Moshe et moi sommes partis à Bali. Je dois avouer que c'était vraiment sympa de faire une pause au milieu de cette folie, surtout quand nous sommes arrivés dans cette fabuleuse villa, avec ses dix chambres donnant sur une magnifique plage volcanique de sable noir. Comme vous le savez, j'adore les plages, mais Bali a été particulièrement agréable, parce que nous avions toute la villa rien que pour nous. Il n'y avait rien pour nous retenir, aucune obligation, et surtout... pas de paparazzi. C'était vraiment cool.

La première nuit, alors que les vagues déferlaient devant la maison, Dan a sorti sa guitare et a joué pendant des heures. Nous nous sommes tous mis à chanter, en inventant parfois les paroles. Tout le monde chantait deux mesures, puis passait la main à son voisin de droite. Nous avons concocté des tas de chansons hilarantes, et cela a duré jusqu'à 2 ou 3 heures du matin.

J'ai eu la chance de faire du wakeboard avec Fredo et Moshe qui, malgré sa force insensée, arrivait à peine à se tenir debout dessus ! Fredo a réussi à se relever une ou deux fois. Tous les trois, nous nous sommes énormément amusés.

Pendant notre séjour, avec Dan, j'ai eu de l'inspiration pour une chanson intitulée *Be Alright*. Il m'avait encouragé à écrire des textes plus personnels, vous voyez, sur des choses que j'ai vécues et auxquelles je peux m'identifier. C'est lui, sans conteste, qui m'a conduit à approfondir l'écriture, et pendant que j'étais assis sur une plage quasiment vierge de l'autre côté du monde, les paroles me sont venues comme cela. *Be Alright* est une chanson sur les relations à longue distance, un genre de relations que Dan et moi connaissons très bien, puisque nous passons beaucoup de temps en tournée.

HONG KONG, CHINE

Après mon dernier concert à Hong Kong, nous avons eu quelques rares journées de relâche. Fredo et moi avons décidé de sortir dans les rues pour visiter les marchés de plein air. Il n'y a pas meilleure manière d'appréhender la culture d'un autre pays que de découvrir comment les gens vivent. Nous avons passé toute la journée à regarder tous les trucs cool qui se vendaient, depuis des aliments que je n'avais jamais vus (et que j'hésiterais à goûter) jusqu'aux fascinants gadgets électroniques que je pouvais brancher à mon iPhone, comme des trépieds ou des objectifs grand-angle. Nous avons passé des heures à faire les idiots et nous nous sommes beaucoup amusés sans que personne ne me reconnaisse ! Cela m'a remis les pieds sur terre, et c'était agréable, parce que j'ai rarement l'occasion de pouvoir me comporter en vrai touriste.

Mon garde du corps, Moshe, parle cinq langues, mais aucune d'Asie. Nous avons donc pris un interprète avec nous durant le séjour. Alors que nous cherchions comment nous distraire, il nous a proposé de louer un yacht pour la journée et de faire le tour de la région par la mer. Ma mère a sauté sur cette idée et trouvé un bateau à louer. Oui !... Cela allait être une aventure géniale ! Quand nous sommes arrivés à la marina, nous avons vu ce magnifique bateau baptisé *Tara,* qui nous attendait. Fredo, Carin, Ryan, Dan, Kenny, Allison, ma mère et moi avons savouré tous ensemble cette extraordinaire journée. Alors que le bateau s'éloignait du ponton, la ville a disparu à l'horizon. Le capitaine nous a emmenés dans une zone où nous avons pu voir des grottes et des collines couvertes de jungle. Puis, brusquement, il a mis les pleins gaz, et nous avons commencé à bondir sur l'eau comme dans un James Bond. Tout le monde avait les cheveux au vent dans tous les sens, surtout les filles. Évidemment, moi je suis resté impeccable (ha, ha !), mais elles ont fini hirsutes avec plein de nœuds. C'était à mourir de rire.

Quand le bateau a finalement ralenti, nous sommes arrivés sur une plage privée absolument magnifique, au pied de ces splendides collines. C'était très paisible, idéal pour passer la journée, nous avions la plage pour nous seuls, vraiment génial. Nous nous sommes reposés et amusés tout en appréciant la paix et la beauté absolues de l'endroit. Des moments comme cela, c'est ce qui m'aide à rester motivé pour remonter sur scène soir après soir, et vous donner tout ce que j'ai en moi. J'ai passé une journée géniale avec tout le monde, et j'ai senti que mes batteries étaient rechargées pour le concert à Taiwan, notre étape suivante. J'y suis allé regonflé à bloc.

« Quand j'étais à Hong Kong, j'ai été vraiment surpris, après le premier concert, de recevoir un bouquet de fleurs de la part d'un de mes héros préférés de films d'action, Jackie Chan. Je suis toujours fasciné de voir quelles personnes me contactent, mais cette fois j'ai été carrément soufflé, parce que je ne m'attendais pas à une telle gentillesse de la part de quelqu'un que je respecte et admire, mais que je n'ai jamais rencontré. »

« J'ai l'impression d'avoir gagné à la loterie. Jamais je n'aurais imaginé que tout cela puisse arriver. C'est d'autant plus dingue que je viens d'une petite ville du Canada dont personne n'a jamais entendu parler. »

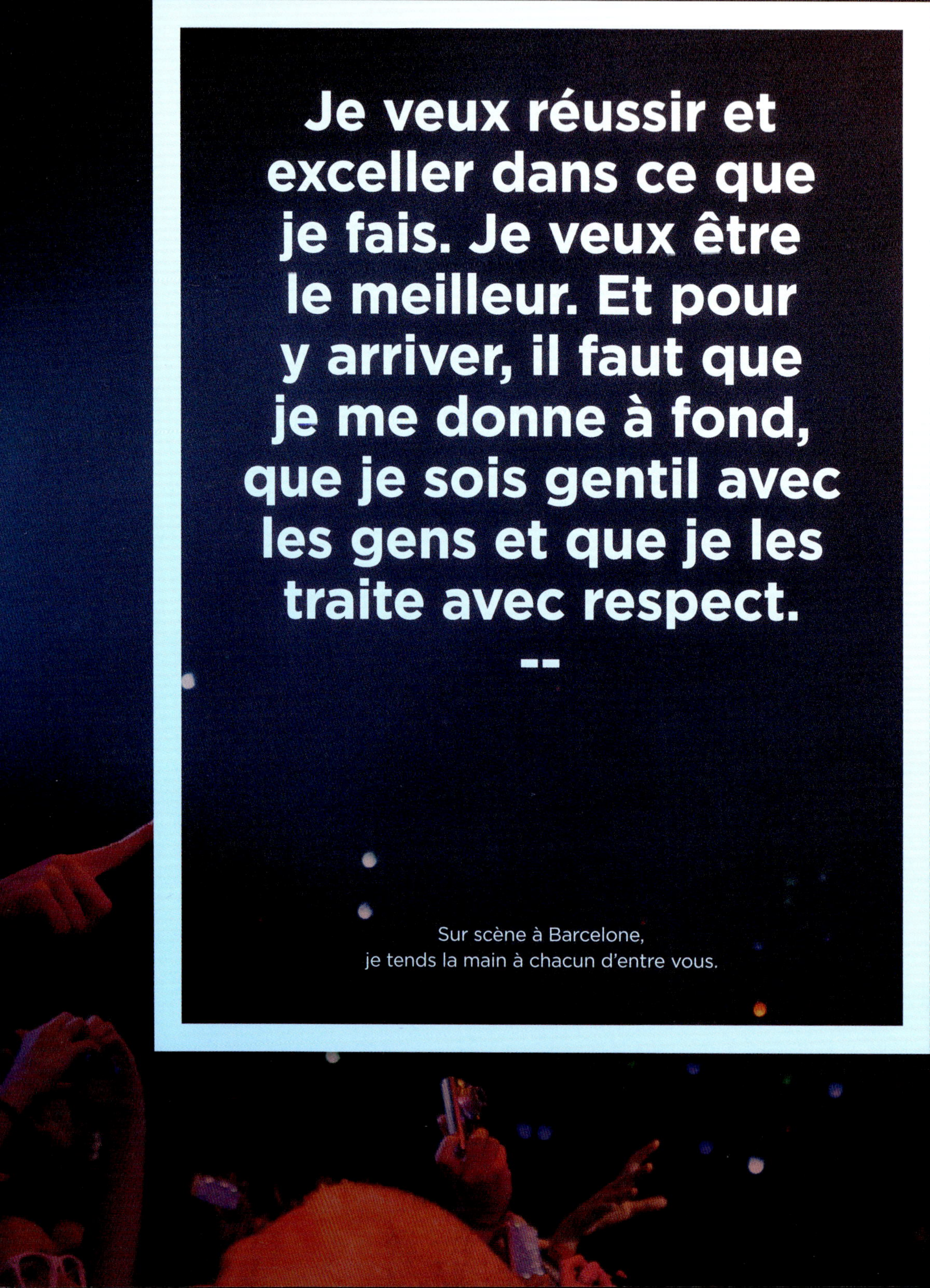

Je veux réussir et exceller dans ce que je fais. Je veux être le meilleur. Et pour y arriver, il faut que je me donne à fond, que je sois gentil avec les gens et que je les traite avec respect.

--

Sur scène à Barcelone,
je tends la main à chacun d'entre vous.

CHAPITRE 3

JOUER POUR GAGNER

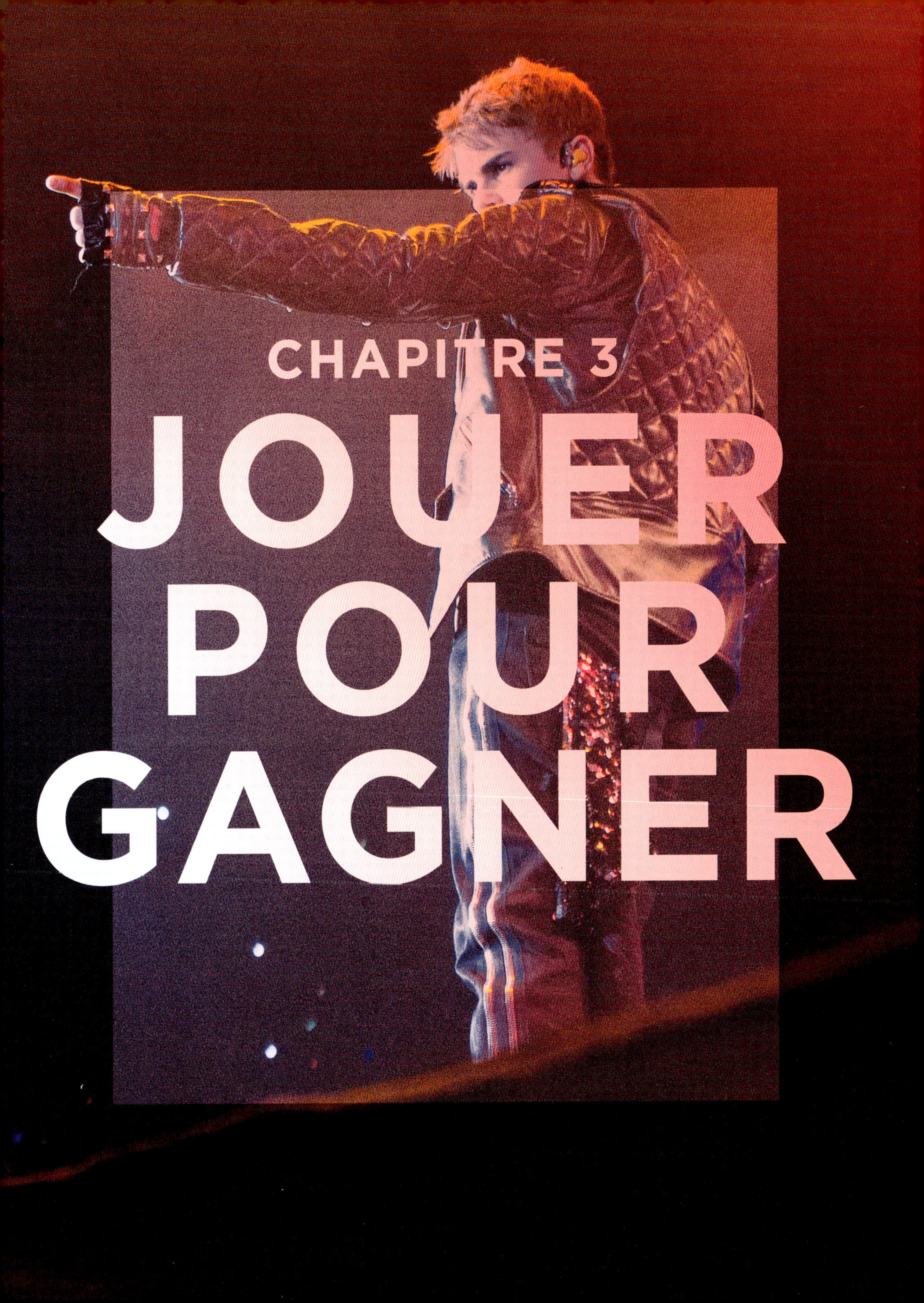

ROI DU PING-PONG

Je suis un compétiteur-né, je joue au hockey, au basket et au football. J'avais une réputation de sportif quand j'étais au lycée à Stratford, et j'adore la compétition, je n'ai pas peur de me lancer. Qui ou quoi que j'aie en face de moi, mon but est toujours d'être au moins aussi bon, voire meilleur. Je fais partie de ces ados qui s'attachent à quelque chose et qui font tout pour le réussir. Ce trait de caractère peut être agaçant, surtout en matière de ping-pong. Si vous voulez jouer, allez-y !

Durant notre tournée sud-américaine, nous avons emporté partout une table de ping-pong. Sûr de mon talent, j'ai lancé un défi permanent à toute l'équipe. Pour le moment, personne n'a encore réussi à me battre – même pas le père de Scooter, qui adore la compétition, ni Scrappy, qui est excellent, mais pas suffisamment ! Ha ! C'est bien de savoir que si ma carrière de chanteur ne dure pas, je pourrai toujours me reconvertir en tant que pongiste professionnel.

« Si nous ne faisons que ce pour quoi nous sommes doués, nous n'apprenons jamais rien de nouveau. »

La vérité, c'est que je suis vraiment mauvais perdant ; du coup, quand quelqu'un me bat, c'est forcément un coup de chance, et ensuite je continue à jouer jusqu'à ce que je lui arrache la victoire et gagne les quatre matches suivants, pour qu'il soit bien clair que c'est toujours moi le champion en titre. Il faut que je gagne, sinon, à quoi cela sert-il de jouer ?

J'ai ce comportement dans tout ce que je fais, de la musique jusqu'au billard. Si je veux devenir vraiment bon, je m'entraîne encore et encore, jusqu'à devenir le meilleur.

Quand j'ai commencé à me produire sur scène, je pensais que je dansais plutôt bien, mais à côté des autres danseurs de l'équipe, j'étais encore très inexpérimenté et, je l'avoue, un peu gauche. Ces mecs étaient précis, souples et fluides, trois qualités que je convoitais. Alors j'ai étudié leurs gestes et je me suis entraîné matin, midi et soir, jusqu'à les savoir sur le bout des doigts. J'ai mémorisé chacun de leurs solos jusqu'à les connaître à la perfection. Puis, un beau jour, durant une répétition quelque part pendant la tournée européenne, j'ai sorti les mêmes pas, j'ai exécuté tous leurs solos pile-poil. Je crois que tout le monde a été surpris. Cela ne sert à rien de faire quelque chose si on n'essaie pas d'être le meilleur. J'en suis encore loin, j'ai encore pas mal d'efforts à faire… Ha, ha !

« À côté des autres danseurs de l'équipe, j'étais encore très inexpérimenté, alors j'ai étudié leurs gestes et je me suis entraîné matin, midi et soir jusqu'à les savoir sur le bout des doigts. »

JUSTIN
BIEBER

justinbieber

#pranksterontheloooooose

22 h 16, 1er avril 2012, *via* le Web

justinbieber

Super partie de cache-cache dans l'hôtel… On a tout un étage pour nous… Fallait qu'on le fasse ! #childishgamesareepic

11 h 48, 22 avril 2011, *via* le Web

CACHE-CACHE

Contrairement à beaucoup d'autres artistes plus âgés que moi, j'interdis la présence d'alcool en coulisses avant, pendant et après un concert, et en général il n'y a pas de fête ou de sortie en club après le show. Nous donnons un spectacle, et notre habitude est de rentrer directement à l'hôtel pour nous détendre et évacuer l'adrénaline. Pour des raisons de sécurité, nous devons parfois louer tout un étage d'un hôtel. Cela n'arrive pas souvent, mais quand c'est le cas, nous nous lançons dans d'immenses parties de cache-cache. C'est amusant, parce que nous sommes généralement logés dans de très beaux hôtels, et c'est assez peu courant de prendre un couloir où toutes les portes des chambres sont ouvertes, mais c'est aussi très sympa parce qu'il y a plein d'endroits géniaux où se cacher, rien que sur un seul étage. Parfois, la direction de l'hôtel accepte d'éteindre toutes les lumières de l'étage, et nous jouons dans l'obscurité totale. Un plan d'hôtel plongé dans le noir, c'est un peu flippant, mais c'est très marrant aussi.

Pouvez-vous garder un secret?

OK, alors écoutez bien : ce que la plupart des membres de l'équipe ignorent, c'est que je peux forger des alliances avec certains, durant ces parties. Je dis à ma mère ou à Allison où je vais me cacher, et je les utilise comme diversion. Si quelqu'un leur demande si elles m'ont vu, elles disent que non ou l'envoient dans une autre direction pour qu'on ne me trouve pas. Je vous l'ai déjà dit, cache-cache, c'est un jeu de survie où règne la loi du plus fort!

« C'est important pour moi de ne pas cesser d'être un enfant – même en vieillissant. Au bout du compte, je suis un mec normal… »

C'est important pour moi de ne pas cesser d'être un enfant – même en vieillissant. Au bout du compte, je suis un mec normal qui veut se distraire, jouer à la console et faire l'idiot avec ses copains. Avec tout ce qui se passe dans ma carrière, j'estime que c'est important de rester les pieds sur terre autant que possible – et heureusement, les membres de mon équipe suivent, quoi que cela implique, même s'ils sont obligés de subir des parties de cache-cache ou de me demander d'arrêter de jouer à un jeu vidéo dix minutes avant un concert. Ce n'est pas inhabituel pour moi d'être en coulisses, en pleine bataille sur NBA 2K12, alors que le compte à rebours a déjà commencé sur la scène et que l'excitation monte chez quarante mille fans hurlants. Scrappy vient souvent dans ma loge me brancher mon micro, et je lui dis que je dois d'abord finir ma partie. Évidemment que je suis toujours en plein milieu d'une partie. C'est le truc classique de l'ado.

En vieillissant, j'ai parfois envie de sortir après un concert et de m'amuser avec l'équipe. Il nous arrive d'aller faire du bowling ou quelque chose de ce genre. Au Brésil, j'ai voulu faire à tout le monde la surprise d'un after. Comme c'était vers la fin de la tournée, je me suis dit que ce serait vraiment sympa de marquer le coup. Comme je suis encore trop jeune pour aller en club tout seul, j'ai pensé que ce serait cool de louer toute une boîte et d'inviter la « famille ». Tout le monde a apprécié cette occasion de se détendre un peu, et le Brésil semblait être l'endroit idéal.

THE

« Devenir une star ne me semblait pas possible. C'était comme aller sur la lune ou gagner à la loterie. Vous n'envisagez même pas que cela puisse arriver. »

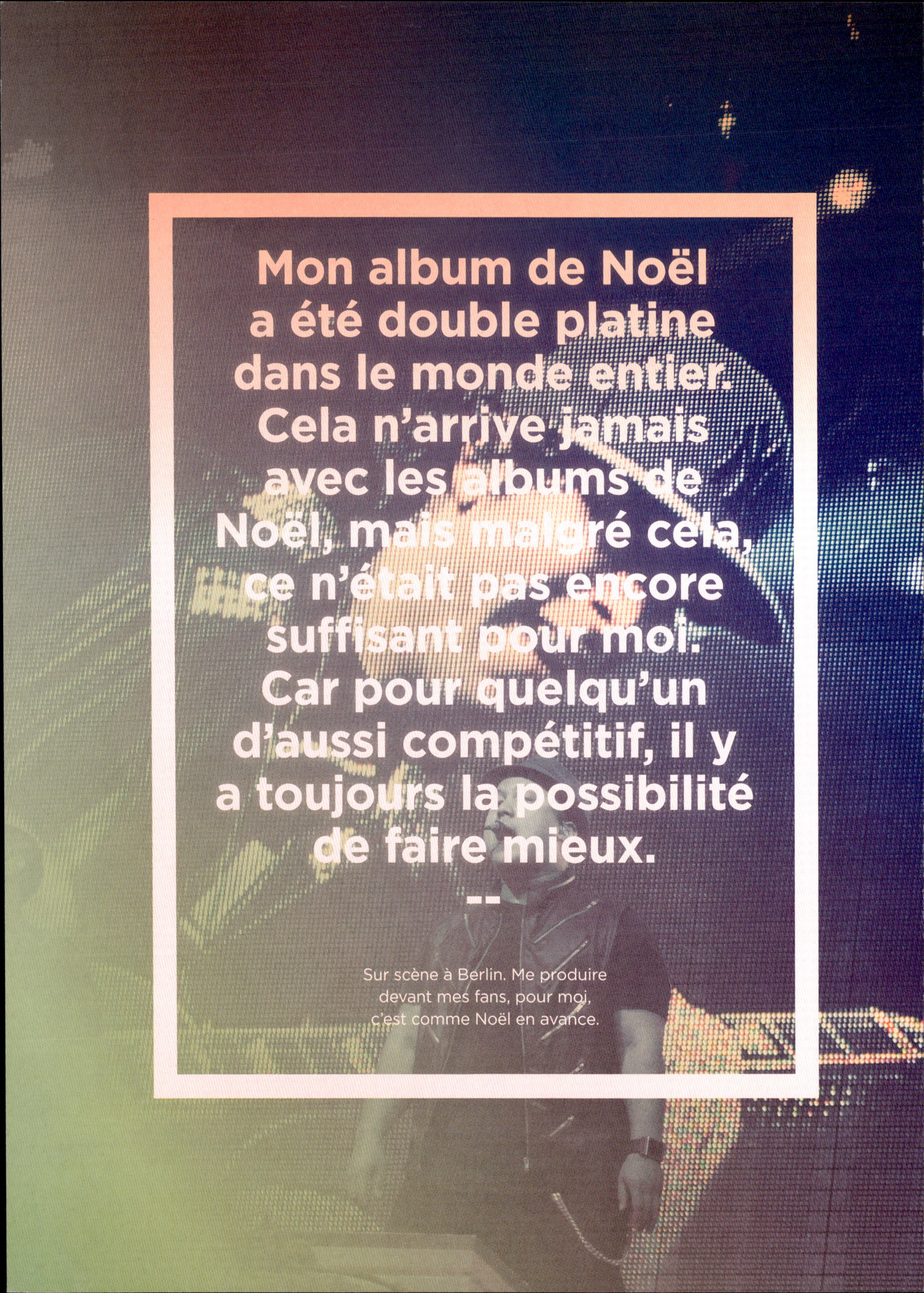

Mon album de Noël a été double platine dans le monde entier. Cela n'arrive jamais avec les albums de Noël, mais malgré cela, ce n'était pas encore suffisant pour moi. Car pour quelqu'un d'aussi compétitif, il y a toujours la possibilité de faire mieux.

--

Sur scène à Berlin. Me produire devant mes fans, pour moi, c'est comme Noël en avance.

CHAPITRE 4

LE PLUS BEAU CADEAU

justinbieber

Merci à tous ceux qui ont fait de « Under the Mistletoe » l'album numéro 1 dans le Billboard ! C'est carrément dingue ! #Muchlove

19 h 59, 12 novembre 2011, *via* le Web

justinbieber

Merci à tous les fans qui ont soutenu mon nouvel album #« Under the Mistletoe », je vous adore. Joyeuses fêtes ! #Platinum

11 h 10, 14 décembre, *via* le Web

« UNDER THE MISTLETOE »

Quand l'idée de sortir un album de Noël nous est venue, je crois que personne de l'équipe n'imaginait qu'il exploserait comme « Under the Mistletoe ». En tout cas, pas moi. Nous avions d'abord prévu de sortir un petit EP, puis seulement un single pour Noël, mais quand j'ai commencé à écrire toutes les chansons, nous nous sommes rendu compte que nous avions une quantité de choses, assez de chansons pour remplir un album complet de quatorze titres, alors nous nous sommes lancés. Je savais que je voulais faire des classiques, mais surtout, je voulais y mettre mes compositions originales.

Une fois que nous avons eu la certitude que l'album allait sortir, nous avons décidé de tourner une série de vidéos virales, plus quelques grosses vidéos pour lancer la machine marketing et faire saliver les fans.

C'est là que nous avons eu un coup de fil de Mariah Carey, disant qu'elle avait appris que je faisais un album de Noël, et proposant de faire un remix de son hit *All I Want for Christmas Is You*, en duo avec moi. Recevoir ce coup de téléphone a été complètement irréel. Mariah Carey qui m'appelait, moi ?

#La classe !

Évidemment, j'ai accepté, et après cela, Usher et Boyz II Men ont pris le train de l'album à leur tour.

Nous avons sorti « Under the Mistletoe » le 1er novembre 2011. C'était la première occasion pour mes fans d'entendre un changement dans ma voix, depuis *My World*. Tout le monde savait que je muais, après avoir passé ma puberté. Ce dont nous n'étions pas sûrs, c'était la manière dont ils allaient accueillir cette nouvelle sonorité. C'est là que je me suis rendu compte qu'eux aussi en passaient par là. Pourquoi se seraient-ils détournés ? Sans compter que j'ai foi en eux et que je sais qu'ils me soutiennent à fond, je ne m'en faisais donc pas une montagne. L'album s'est vendu à trois millions d'exemplaires dans le monde entier, ce qui a stupéfié tout le monde. C'était la plus grosse vente d'album de Noël de toute l'histoire de mon label. Nous avions l'intuition qu'il se vendrait bien, mais nous ne savions pas que ce serait un tel succès. Et même si c'était un album de Noël, il a fini comme l'une des meilleures ventes d'albums de l'année, un exploit dont je suis extrêmement fier, et pour lequel je remercie mes fans.

MASSEY HALL

Toronto, Canada
21 septembre 2011

Jouer au Massey Hall de Toronto, tout artiste canadien espère y parvenir durant sa carrière. Tous les plus grands ont joué là, depuis Neil Young jusqu'à Céline Dion. Le soir où je m'y suis produit, c'était comme un retour au bercail près de l'endroit où j'ai grandi, et j'y étais comme chez moi. À Stratford, je m'amusais à chanter sur les marches de l'Avon Theater en m'imaginant que c'était Massey Hall, avec l'espoir qu'un jour j'aurais l'occasion d'être en haut de l'affiche de cette scène légendaire.

Donner un concert là-bas a été comme faire d'une pierre deux coups, car Dan est de Toronto. D'une certaine manière, ce show était pour lui aussi un retour au bercail, probablement l'un des plus spéciaux à cette date. Cela faisait des mois que je me produisais dans des stades et des grandes salles. Et même si la pression était forte à jouer dans une salle de ce type ce soir-là, j'ai décidé de jouer le Much Music Home pour les concerts des fêtes au Massey Hall, parce que je voulais que cette représentation soit plus personnelle et que le public de ma ville se sente privilégié.

De plus, comme c'était ma seule véritable occasion de partager mon album de Noël avec mes fans canadiens, l'idée était de faire quelque chose de différent pour les remercier de tout ce qu'ils avaient fait pour moi.

Dans mon esprit, je voulais changer un peu de la routine. Je me suis dit que ce serait cool d'avoir une soirée où je ne serais pas une pop-star qui fait son mégashow habituel. Je voulais juste être l'enfant du coin qui est venu donner un concert acoustique intime pour chanter ensemble avec ses fans. Pour mettre une bonne ambiance, nous n'avons installé qu'un piano et deux guitares sur scène, une pour Dan et l'autre pour moi. C'est tout. On ne pouvait pas faire plus intime.

Même si j'avais dressé une assez vague liste de chansons avant le spectacle, je n'étais pas obligé de m'en tenir à quoi que ce soit de concret, ce qui n'est pas courant pour un artiste. Ce concert, c'était une occasion pour moi de faire ce qui me plaisait et de jouer ce que je ressentais.

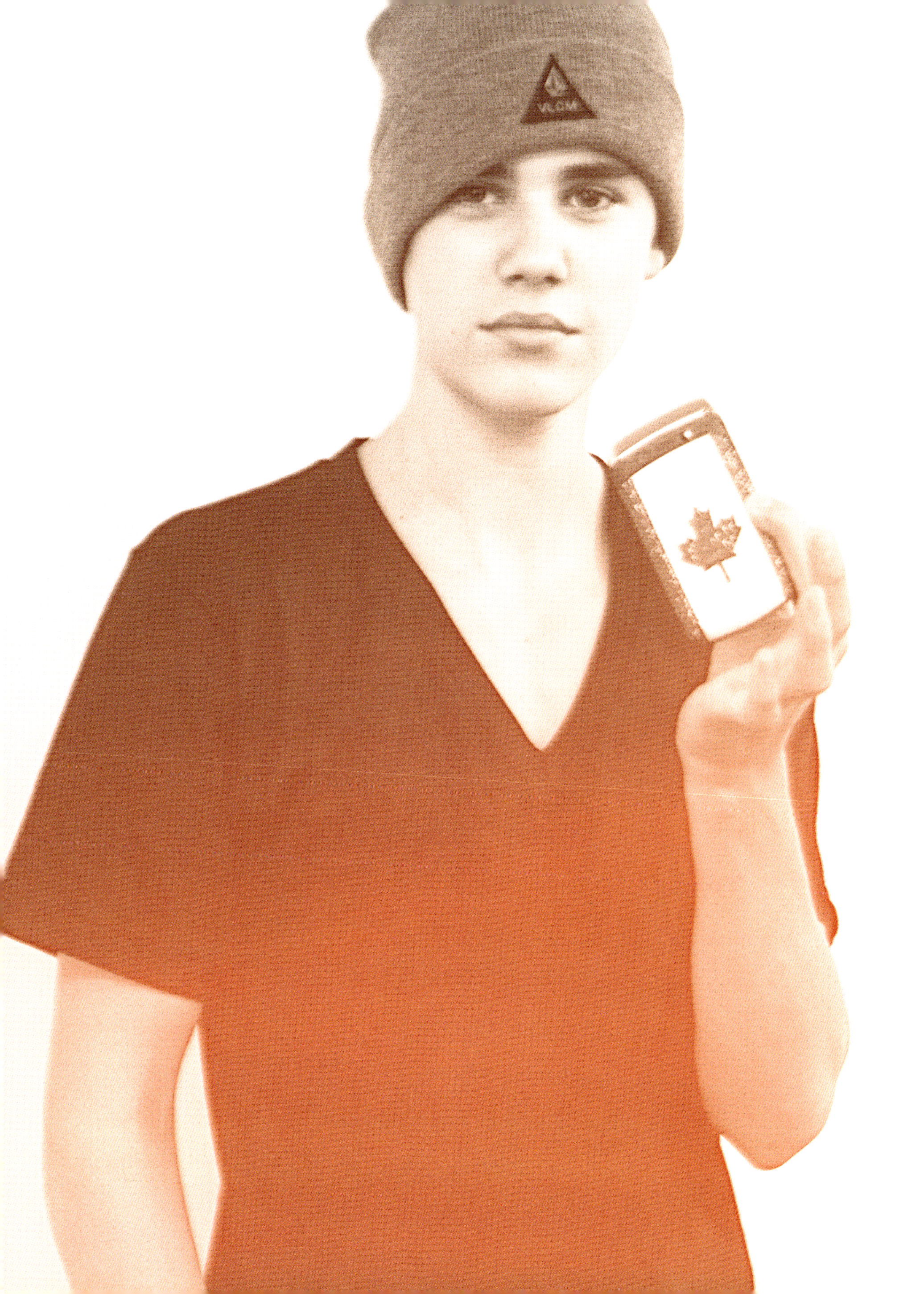

C'était un concert de Noël, alors Scrappy s'est déguisé en elfe et a apporté du chocolat chaud sur scène comme un des assistants du Père Noël ! Selon lui, les elfes canadiens sont différents de ceux d'Amérique. Je n'ai aucune idée de ce dont il parle !

Je n'étais censé jouer que quarante-cinq à soixante minutes, mais l'ambiance de la salle était si chaleureuse que je suis resté sur scène plus de deux heures ! J'ai joué tout ce qui me venait à l'esprit et accepté les suggestions du public, à qui je demandais : « Qu'est-ce que vous voulez que je joue ? »

Comme pour moi, les fêtes sont une occasion familiale, j'ai même fait venir ma petite sœur Jazmyn sur scène, et nous avons chanté ensemble notre version de *Baby*. Pour être franc, je crois qu'elle m'a volé la vedette, ce soir-là. Attention les yeux, tout le monde, il y a une autre Bieber qui va débarquer !

Au final, Massey Hall a été une nuit inoubliable. C'était sans conteste une expérience unique en son genre pour tous mes fans canadiens et la famille, venue partager cette représentation spéciale avec moi, et la meilleure manière que je pouvais trouver de clore la tournée promotionnelle de l'album de Noël et de commencer mes vacances.

justinbieber

Ce soir, c'était spécial. Pas de règles. Musique, famille, amis, fans, générosité et musique. Merci. #HomeForTheHolidays

13 h 14, 21 décembre 2011, *via* UberSocial pour BlackBerry®

justinbieber

Super journée pour le moment. Aujourd'hui, c'est #remerciements. #HomeForTheHolidays

20 h 37, 21 décembre, *via* UberSocial pour BlackBerry®

« Ce garçon a de la soul en lui. » Stevie Wonder

X FACTOR

Hollywood, Californie
22 décembre 2011

Quand on m'a demandé d'apparaître dans la finale de la saison de « X Factor » aux États-Unis, l'idée originale était de chanter *All I Want for Christmas Is You*, mon duo avec Mariah Carey qui venait de sortir. Nous avions tourné la vidéo ensemble, mais en raison d'autres obligations, Mariah ne pouvait pas être de retour à temps à Los Angeles pour l'émission. Nous allions tout annuler, mais Simon Cowell a appelé Scooter et a dit : « Il nous faut vraiment Justin pour la finale. Cela représenterait beaucoup pour moi. Tu peux arranger ça ? »

Scooter voulait bien s'engager, mais uniquement s'il réussissait à trouver comment faire de cela un grand moment pour tout le monde. Comme mon agent, Rob Light, représente aussi Stevie Wonder, Scooter a eu l'idée de tenter le coup. Il a appelé Rob et demandé : « Je sais que Stevie est en ville, parce que nous participons à sa manifestation annuelle House Full Of Toys ce week-end. Penses-tu qu'il accepterait de faire « X Factor » avec Justin ? »

Rob a appelé Stevie, qui a immédiatement accepté.

Mes deux idoles musicales de tous les temps sont Stevie Wonder et Michael Jackson. Je n'en revenais pas de pouvoir me produire avec Stevie. C'est pas cool ?

Quand il est arrivé pour la répétition, il a été super cool, comme s'il retrouvait un vieux copain : « Salut, les mecs, ça roule ? C'est sympa d'être ici. » Il a fait installer son clavier dans sa loge et a voulu répéter, parce que nous n'avions jamais chanté ensemble. Nous avons décidé de chanter *The Christmas Song*. Durant toute la répétition, la seule chose à laquelle je pensais, c'était : « Stevie Wonder est en train de chanter devant moi, de jouer du piano et de faire des solos sur son harmonica. » Enfin, quoi, est-ce qu'on peut trouver plus cool que ça ?

Nous faisions tour à tour nos solos quand, tout d'un coup, nous nous sommes assis ensemble au piano et avons commencé à nous jouer nos idées et échanger sur la manière d'interpréter la chanson. Il ne nous a pas fallu bien longtemps pour en arriver à écrire des chansons originales ensemble. Stevie m'a joué une chanson qu'il avait écrite quelque temps plus tôt, et qu'il trouvait bien pour moi. Je chantais les chansons de Stevie depuis que j'étais tout gamin, et voilà que je me retrouvais assis à côté de lui, à l'écouter chanter un morceau qu'il avait composé pour moi ! Cela a été l'une de mes plus grandes expériences et un moment merveilleux, de me retrouver à jouer au côté d'une telle légende !

Après notre passage en direct dans l'émission, j'ai pu dire à Stevie Wonder quel honneur il m'avait fait de venir chanter avec moi. Et là, il a répondu quelque chose que je n'oublierai jamais : il a dit que je lui faisais penser à lui, quand il était petit garçon. Je ne peux pas imaginer plus beau compliment de la part de quelqu'un d'aussi talentueux. Sa générosité et sa gentillesse m'ont bouleversé. Noël est arrivé avec quelques jours d'avance, emballé, dédicacé, enrubanné et livré par M. Stevie Wonder en personne.

Je contemple une marée de visages à Anvers. Voir mes fans me rend tellement heureux que le moins que je puisse faire, c'est leur donner à eux aussi un peu de ce bonheur.

NEW YEAR'S ROCKIN'EVE

Times Square
New York, New York

31 décembre 2011

C'était un grand événement, quand nous avons décidé de chanter le *Let It Be* des Beatles à Times Square, pour le « New Year's Rockin'Eve », de Dick Clark. C'était le quarantième anniversaire de cette émission annuelle, qui se trouvait également être sa dernière, et un véritable honneur d'en faire partie. Tout le monde me répétait que le plus important pour moi était de me concentrer, pour ne pas me tromper dans les paroles de Paul McCartney. Scooter, Usher, Dan et tous les autres m'ont pratiquement martelé les paroles dans le crâne pour que je ne fasse pas d'erreur. Ils me sortaient des trucs du genre : « Pas question de se tromper, même sur un seul mot. » Nous avons même visionné à maintes reprises des vieilles émissions où Paul McCartney la chantait. Usher me faisait répéter, il a même pris la peine d'aller sur YouTube, pour me montrer des vidéos de gens qui massacrent l'hymne national ou des chansons des Beatles, et les commentaires assassins que leur ont valu leurs erreurs.

– Il faut que tu réussisses, me répétait-il constamment.

J'ai beaucoup travaillé pour faire mienne la chanson, sans pour autant manquer de respect à Paul McCartney ou à aucun fan des Beatles. Il fallait que je m'assure que ce serait parfait. J'ai répété sur mon petit clavier chez ma grand-mère à Stratford, jusqu'à ce que je sois sûr de connaître chaque accord jusqu'à la moindre note.

Une fois cela réglé, comme en tant qu'interprète je voulais ajouter ma petite touche personnelle, j'ai commencé à travailler sur un arrangement original avec mes musiciens. Je savais exactement quelle ambiance je voulais que le groupe donne, et quel son devait avoir la batterie. Pour que tout soit clair, j'ai pris les baguettes et montré à mon batteur comment je ferais – et heureusement, les idées ont fonctionné.

Pour ce qui est du célèbre solo de guitare, je me suis dit que ce serait cool d'avoir quelqu'un pour jouer avec nous, et j'ai donc demandé à Scooter de contacter Carlos Santana. Il a été super et a immédiatement accepté. C'était un grand honneur et un privilège de jouer avec lui ce soir-là. Juste avant de monter en scène, Santana s'est tourné vers Dan et moi, et a dit : « Je ne joue jamais une note sur ma guitare si je ne sens pas tout dans mon âme. » J'ai carrément compris ce qu'il voulait dire, parce que j'éprouve exactement la même chose. Je savais précisément comment je voulais que la chanson sonne pour le public ce soir-là, et je n'ai pas arrêté de la travailler jusqu'à y parvenir.

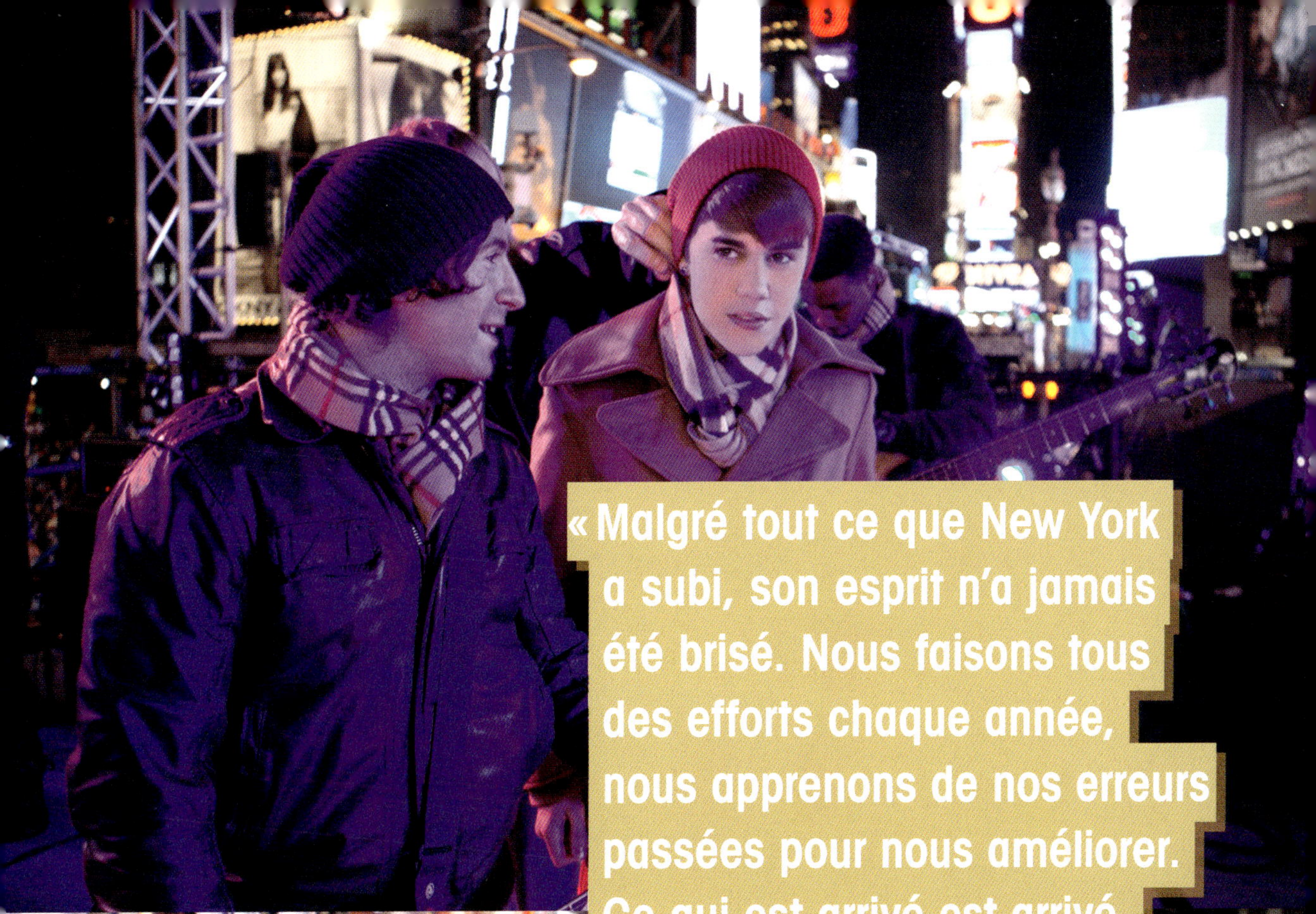

« Malgré tout ce que New York a subi, son esprit n'a jamais été brisé. Nous faisons tous des efforts chaque année, nous apprenons de nos erreurs passées pour nous améliorer. Ce qui est arrivé est arrivé, et ce qui sera sera. »

Happy
New
Year!
Discovery
NOW IN TIMES SQUARE

Il y avait plus d'un million de personnes à Times Square pour fêter le Nouvel An, et quelque chose comme un milliard de téléspectateurs autour du monde. Je suis à peu près sûr de ne jamais avoir fait plus grosse émission à cette date. Hum... Un public encore plus nombreux... Pourquoi pas la mi-temps du Super Bowl en 2013 ? Hé, on a le droit de rêver, non ?

Les fans étaient en folie. Il a fallu vingt-cinq policiers pour nous aider à traverser cette marée humaine, l'équipe et moi. Nous devions nous tenir par la main, sinon nous aurions facilement risqué de perdre quelqu'un. Il fallait fendre la foule et en sortir rapidement, tête baissée, en espérant arriver jusqu'à la scène sans le moindre encombre. Cela a été une manière violente, mais inoubliable de marquer la nouvelle année.

La représentation a été incroyable, j'ai rendu pleins de fierté Usher, Scooter, mes parents, mes amis et évidemment Dan (le plus grand fan des Beatles qui soit). Tout le public de Times Square chantait en chœur avec moi, et c'était vraiment émouvant. Naturellement, Santana a été inimaginable, et j'ai éprouvé un énorme plaisir.

Après mon passage, j'ai pu aller avec Ryan Seacrest, Lady Gaga et les autres artistes, pour faire le compte à rebours de la célèbre boule de Times Square. Puis mon équipe a donné une grande fête pour moi, ma famille, le groupe et les roadies, dans un loft de New York. C'était la manière idéale de commencer 2012 !

justinbieber

Joué avec Carlos Santana. Honoré. #letitbe #happynewyear !

21 h 15 - 31 décembre 2011, *via* Mobile Web

justinbieber

La nouvelle année commence partout dans le monde. Alors, à tous mes fans autour du monde... MERCI POUR 2011, ET PASSEZ UNE BELLE ANNÉE 2012. JE VOUS ADORE.

0 h 42 - 1er janvier 2012, *via* le Web

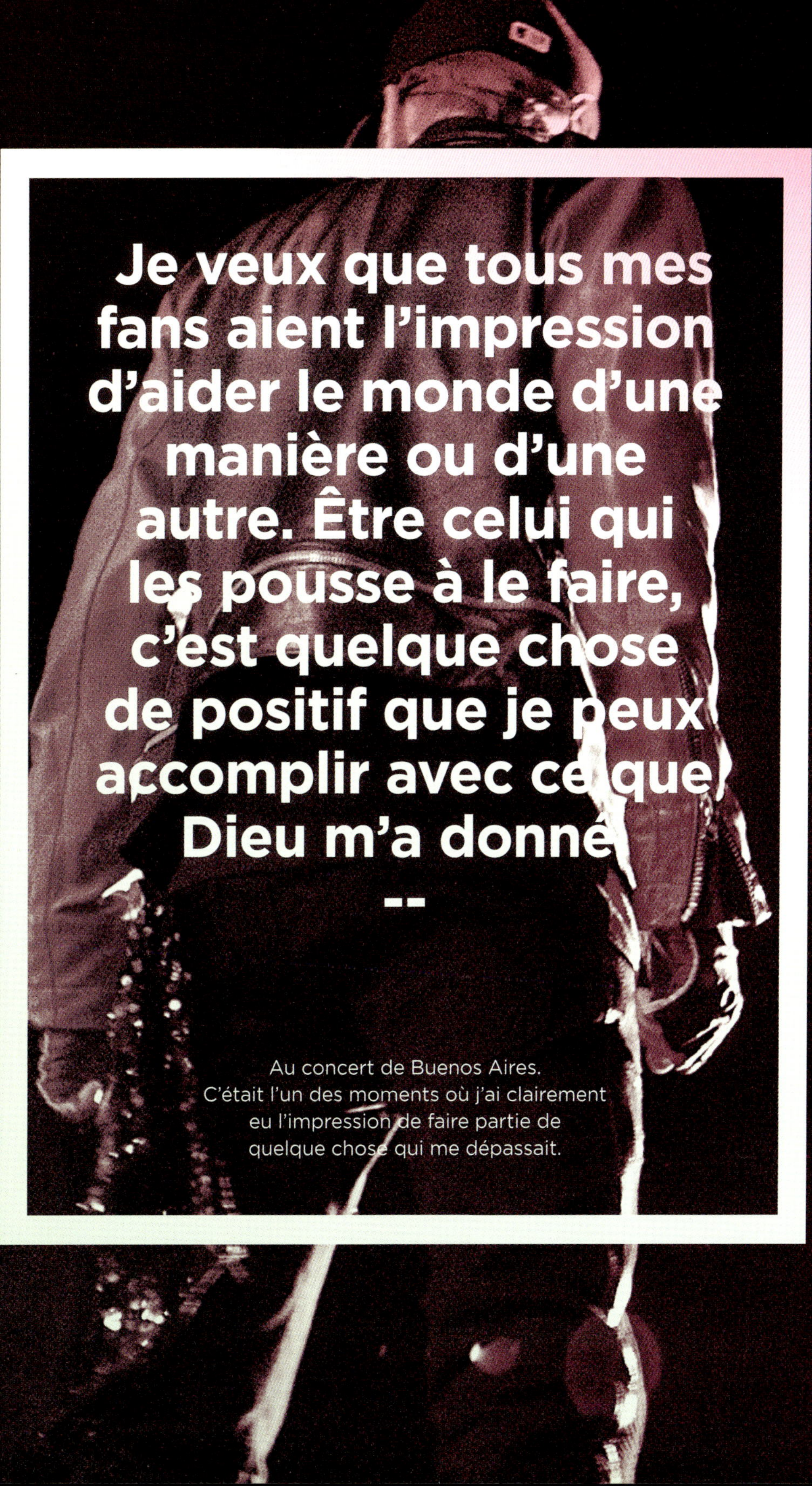

Je veux que tous mes fans aient l'impression d'aider le monde d'une manière ou d'une autre. Être celui qui les pousse à le faire, c'est quelque chose de positif que je peux accomplir avec ce que Dieu m'a donné

--

Au concert de Buenos Aires.
C'était l'un des moments où j'ai clairement eu l'impression de faire partie de quelque chose qui me dépassait.

OBEY

justinbieber

@MakeAWish @MakeAWishIntl merci de m'avoir reçu. C'est ce qu'il y a de mieux dans mon boulot. Que tout le monde les suive et s'en inspire. #makeachange

0 h 03 – 18 novembre 2011, *via* le Web
en réponse à MakeAWish

PAY IT FORWARD

Durant le tournage d'une pub pour mon parfum, j'ai eu l'occasion de faire un tour en avion par gravité zéro. J'avais hâte de faire cette expérience, mais comme je voulais la partager avec mes amis, j'ai demandé au producteur si Kenny, Ryan, Vanessa et Allison pouvaient m'accompagner. Nous sommes dans le même bateau, donc si j'ai le privilège de faire des trucs cool, eux aussi ! Nous sommes tous partis pour Las Vegas, où un avion nous attendait dans un aéroport privé. Quand vous montez dans cet avion, vous subissez trois fois la force de gravité, et brusquement vous ne pesez plus rien. On nous a avertis d'y aller doucement et de ne pas nous déchaîner dès la première fois. Évidemment, j'ai fait des saltos et des sauts périlleux. Il ne m'a pas fallu longtemps pour comprendre pourquoi on nous avait mis en garde : après cinq passages, j'avais tellement la nausée que j'étais calmé.

Bien que je n'aime pas en faire étalage, chaque contrat que je signe doit avoir une composante humanitaire, sinon je ne l'accepte pas. Nous donnons une part de tous nos bénéfices, depuis mes parfums jusqu'aux billets – un dollar sur chaque billet vendu va à deux de mes associations humanitaires préférées, Pencils of Promise et la fondation Make-A-Wish.

Quand j'ai été contacté pour sortir un parfum, j'ai décidé de faire quelque chose de différent. Je sais que la plupart des artistes masculins qui sortent un parfum choisissent une eau de toilette pour homme, mais regardons les choses en face : le parfum d'une fille est très important pour un mec, surtout pour moi. J'ai un lien tellement étroit avec mes fans que créer un parfum que j'aime personnellement est une autre manière de les faire accéder un peu plus à mon univers. Sans compter qu'en travaillant avec une entreprise comme Give Back Brands, je pouvais m'en servir pour faire un geste en faveur de la collectivité. Pour tout dire, l'occasion de donner quelque chose est l'une des principales raisons de la création de Someday. Mon équipe et moi l'avons vu non seulement comme une possibilité d'offrir à mes fans quelque chose qu'ils adoreraient, mais aussi de changer un peu le monde.

Someday est devenu la meilleure vente de parfum mondiale en 2011, il a même remporté un FiFi Award, l'équivalent d'un oscar dans le monde de la parfumerie. J'ai également reçu l'Elizabeth Taylor Fragrance Celebrity of the Year Award, qui récompense une célébrité ayant promu l'univers du parfum. En raison des incroyables résultats de ce parfum, plus de vingt écoles ont été construites grâce aux bénéfices, par le biais de Pencils of Promise, dans les six mois qui ont suivi sa commercialisation. Depuis, nous avons pu faire encore plus en faveur des plus démunis.

Désireux de continuer à offrir à mes fans ce qu'ils veulent, tout en leur rendant un peu de ce qu'ils me donnent, j'ai lancé en juillet 2012 mon deuxième parfum, baptisé « Girlfriend ». Le nom a été inspiré par *Boyfriend*, mon premier single de l'album « Believe ».

Tant que j'aurai la possibilité de faire le bien autour de moi, je continuerai de m'y consacrer. Il n'y a encore pas si longtemps, j'étais un ado qui était obligé de piquer des fringues aux objets trouvés de mon collège, parce que ma famille n'avait pas les moyens de m'en acheter des neuves. Je les prenais et les mettais. Je n'ai jamais oublié quelle impression cela fait.

À la fin du mois d'octobre 2011, je suis passé à l'« Ellen DeGeneres Show », qui consacrait un second reportage à l'École élémentaire Whitney, une école renommée dans tout le pays, qui offre aux élèves et familles dans le besoin nourriture, vêtements, services de santé, et les aide à payer leur loyer. Ellen avait lancé un premier sujet sur cette école lors de la première émission de la saison, et s'était faite l'avocate de la tâche qui y est accomplie : l'établissement offre des coupes de cheveux, et si nécessaire des soins dentaires et des lunettes. C'est là que les familles bénéficient de services et biens qu'ils ne peuvent s'offrir autrement. C'est également un endroit où les parents peuvent apprendre à lire ou se faire aider s'ils ont des loyers en retard. Si l'école ne nourrissait ni n'habillait la majorité de ses élèves, ils seraient à la rue.

J'ai été très ému par ce reportage, parce que je me suis senti immédiatement très proche des enfants de cette école. Enfant, je n'avais pas grand-chose, et quand j'ai vu ces enfants et les soins que leur accordait leur directrice, j'ai été très touché. Après tout, j'avais été comme eux et j'ai voulu faire ce que je pouvais pour les aider. Après le reportage, Ellen a annoncé que Target faisait don de cent mille dollars à l'école.

À la surprise générale de mon entourage, j'ai proposé de donner autant et promis aux enfants que je viendrais donner un concert de Noël à leur école en décembre, rien que pour eux. Ce n'était pas prévu, j'ai juste senti que c'était quelque chose que j'avais envie de faire.

justinbieber

Merci à tous de soutenir le mouvement @pencilsforpromise… Même les plus petites choses peuvent changer le monde. Fier d'en faire partie.

0 h 15 - 1er juillet 2010, *via* le Web

JUSTIN
BIEBER
Whitney Elementary School $ 100,
One Hundred Thousand and
Believe

J'ai tenu ma promesse, et je suis allé à Whitney le 16 décembre 2011. J'étais tout excité à l'idée de visiter l'école et de rencontrer tout le monde. J'ai passé la tête dans les classes pour dire bonjour, et j'ai bavardé avec le plus possible d'élèves en chemin. J'ai répondu à leurs questions et leur ai fait part de mes difficultés d'enfant élevé dans un logement à loyer modéré, par une mère célibataire obligée de compter sur les banques alimentaires et les dons de vêtements. Je leur ai dit que mes grands-parents aidaient ma mère quand j'étais petit, que je n'avais pas grand-chose non plus. Le simple fait de les voir heureux a fait de ce jour-là un moment privilégié. J'étais enchanté de rencontrer tout le monde, c'était une expérience que ni eux ni moi ne sommes près d'oublier, je crois.

Quand la visite de l'école a été terminée, tout le monde s'est rassemblé dans la salle polyvalente, où j'ai donné un concert privé rien que pour eux. J'étais censé ne chanter que quelques morceaux d'« Under the Mistletoe » pour six cent cinquante élèves et leurs enseignants ce jour-là, mais j'en ai chanté cinq. Pour moi, cela a été l'un des concerts les plus mémorables de ma vie. Pour couronner cette journée merveilleuse que nous avions déjà passée, l'« Ellen DeGeneres Show » et Hasbro ont, eux aussi, fait un don supplémentaire de cent mille dollars en jouets de Noël, un pour chaque enfant.

J'ai entendu dire que Whitney avait reçu bien plus d'un million de dollars en dons depuis qu'Ellen est la marraine de l'école. Je sais que beaucoup d'enfants considéraient ma venue comme un cadeau de Noël, mais en vérité, passer du temps avec eux ce jour-là a été le plus beau présent que je puisse recevoir moi-même. Je préfère ce genre de visite que j'adore à toute autre apparition publique, parce qu'il n'y a que moi et les enfants. Je n'aime pas quand la presse est présente, et la plupart du temps, j'interdis l'accès aux médias pour que rien ne vienne troubler le moment que nous passons ensemble. J'aime parler avec les enfants et apprendre comment ils se sont fait des amis dans le monde entier, grâce à ma musique. Pour moi, c'est l'un des plus gros avantages de mon boulot, parce que je viens d'une petite ville que je ne pensais jamais quitter un jour. Quand nous bavardons, j'espère qu'ils me voient comme un modèle : si moi j'ai pu changer mon destin, eux aussi le pourront.

J'aime l'idée qu'avec ma musique j'aide les gens partout dans le monde. Je veux être connu comme un de leurs ambassadeurs. Comme la musique est un langage universel, elle peut modifier leur vie de manière bénéfique, c'est une chose à laquelle nous aspirons tous.

« Mon objectif est de rendre les gens heureux et les inspirer. »

YOUNG & RECKLESS

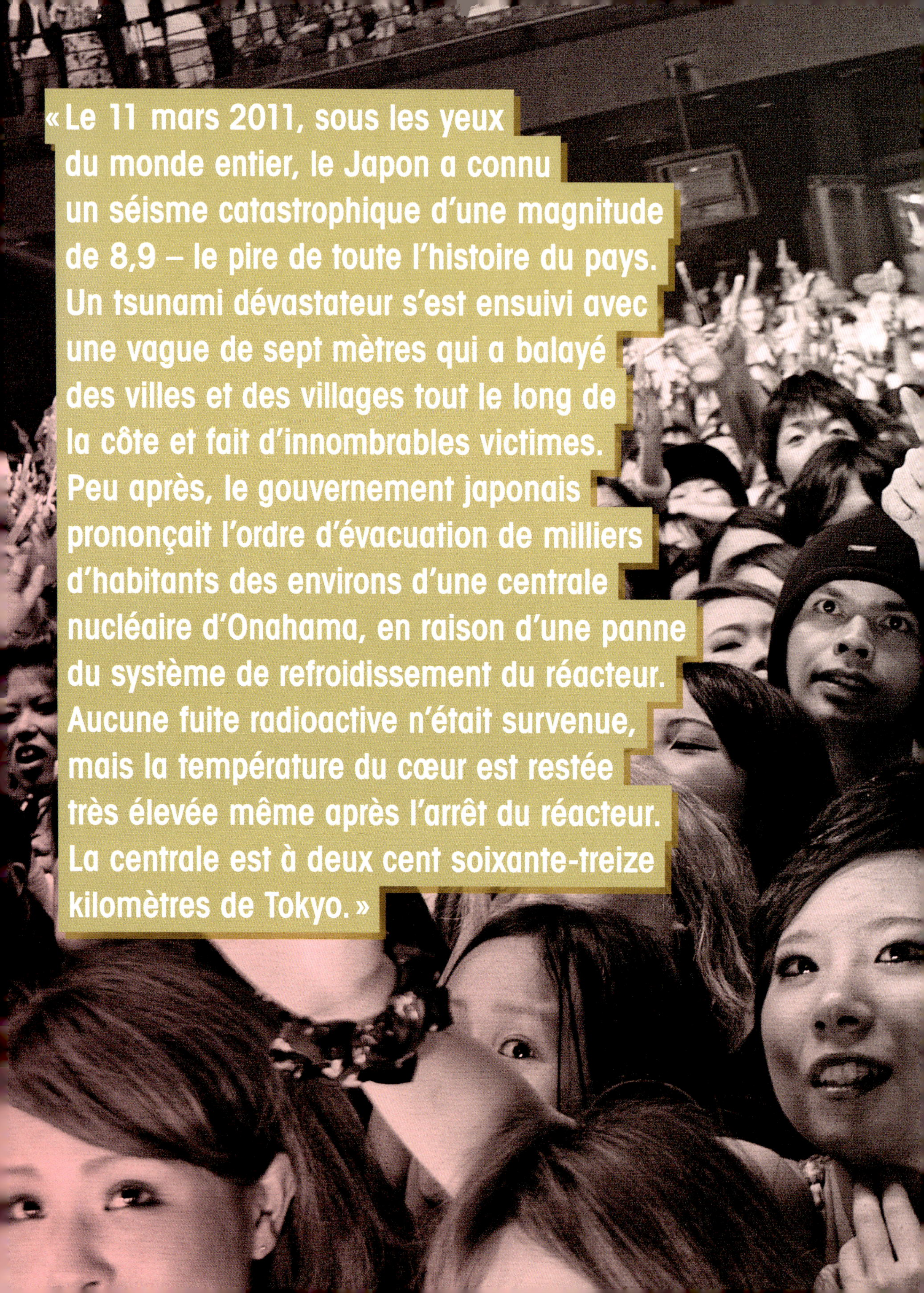

« Le 11 mars 2011, sous les yeux du monde entier, le Japon a connu un séisme catastrophique d'une magnitude de 8,9 – le pire de toute l'histoire du pays. Un tsunami dévastateur s'est ensuivi avec une vague de sept mètres qui a balayé des villes et des villages tout le long de la côte et fait d'innombrables victimes. Peu après, le gouvernement japonais prononçait l'ordre d'évacuation de milliers d'habitants des environs d'une centrale nucléaire d'Onahama, en raison d'une panne du système de refroidissement du réacteur. Aucune fuite radioactive n'était survenue, mais la température du cœur est restée très élevée même après l'arrêt du réacteur. La centrale est à deux cent soixante-treize kilomètres de Tokyo. »

LES CONCERTS AU JAPON

Osaka et Tokyo
17-19 mai 2011

J'étais en concert à Liverpool en Angleterre, quand j'ai appris le drame que subissait le Japon. Mes pensées sont allées à toutes les familles qui ont perdu des êtres chers et étaient près d'être chassées par la catastrophe qui s'est ensuivie. Nous avions deux dates prévues au Japon en mai, une à Tokyo, qui est à deux cent soixante-treize kilomètres du site du réacteur nucléaire, et l'autre à Osaka, qui est un peu plus éloignée.

À l'époque, beaucoup d'inquiétudes présidaient à ce voyage au Japon. J'avais entendu dire que beaucoup d'autres artistes annulaient leurs dates en raison du risque d'exposition aux radiations. Au début, nous aussi avons été inquiets, mais après avoir discuté de la question et retourné tous les arguments, Scooter et moi avons voulu respecter notre engagement et y aller. C'est vrai, c'est pour cela qu'on fait ce métier. Pas seulement pour distraire les gens, mais pour soutenir les fans, tout comme ils vous soutiennent. Si j'abandonnais mes fans à ce moment, j'abandonnais tout ce pour quoi je me bats. L'un des plus vieux dictons du show-business dit : « Le spectacle doit continuer. » Donc, il devait continuer pour nous.

La peur affecte beaucoup de gens et les empêche de faire ce qui compte le plus dans la vie. Je considère ces moments-là comme des opportunités qui font la différence entre le bien et le grandiose. C'est dans des situations difficiles que je peux prouver que je vis pour mes fans. À ce moment-là, plus que jamais, ils avaient besoin de quelque chose qui les aide à entamer la guérison, et la musique, la mienne ou celle d'un autre, est toujours un bon début.

Une fois que Scooter et moi avions fermement pris notre décision, nous avons eu une réunion avec l'équipe pour convaincre tout le monde. J'ai été assez choqué que plusieurs musiciens et employés refusent de venir.

Ils ont commencé à parler derrière notre dos, disant que c'était une mauvaise idée de réaliser ce voyage et que nous ne nous souciions pas d'eux. Nous sommes comme une famille qui se serre les coudes, et cela m'a fichu les boules d'entendre certains membres de l'équipe parler ainsi de nous. Du coup, nous avons immédiatement organisé une assemblée pour que je puisse dire à tout le monde ce que je ressentais. J'ai dit que j'allais au Japon, qu'ils viennent ou pas. J'ai essayé d'expliquer que mes fans m'y attendaient et qu'au vu des circonstances, il n'était pas question de les laisser tomber... surtout quand ils avaient besoin de moi. J'espérais que tout le monde se rassemblerait, mais je n'en étais pas totalement convaincu quand j'ai quitté la pièce.

Après mon départ, comme je l'ai appris plus tard, Scooter les a tous regardés, et a dit :

– Écoutez, il a dix-sept ans et il a plus de courage et de cœur que vous. Que vous veuillez y aller ou pas, nous avons tous dans notre vie des responsabilités à l'égard d'autres individus. Vous devez prendre une décision. Si vous ne voulez pas aller au Japon, vous n'avez pas besoin de faire partie de cette équipe et vous pouvez rentrer chez vous, j'engagerai quelqu'un d'autre. En conséquence, soit vous vous conduisez en hommes, soit vous quittez la tournée.

Il a fallu du temps pour les convaincre, mais finalement seules trois personnes sont parties et les autres ont déclaré que si Scooter et moi y allions – ils précisaient bien les deux ensemble – ils iraient aussi. Tout le monde savait que Scooter ne faisait pas partie du voyage à l'origine, et du coup, d'une certaine manière, ils nous ont fait prouver à tous les deux notre loyauté envers l'équipe et les fans japonais. Scooter a pris un vol de seize heures depuis l'Australie, pour se rendre à une réunion à Los Angeles qu'il ne pouvait pas décaler, puis il a repris l'avion pour Osaka, afin de pouvoir nous accueillir à notre arrivée à Taipei, à Taiwan. Quand nous avons atterri, il était déjà à l'aéroport pour marquer sa solidarité, et s'assurer que tout le monde comprenait que s'il avait pu le faire, personne n'avait d'excuse pour se défiler. #LaBête !

Quand nous sommes arrivés à Tokyo, voulant faire quelque chose de spécial pour certaines des victimes du séisme et du tsunami, nous avons fait venir plusieurs enfants des régions sinistrées pour qu'ils passent une journée avec nous. Nous nous sommes retrouvés à l'ambassade américaine, où les ambassadeurs du Canada et du Japon nous ont rejoints pour une journée qu'aucun d'entre nous n'oubliera jamais. Nous avons bavardé, chanté un peu, pris quantité de photos, et surtout, nous les avons écoutés. Pour la plupart, c'était leur premier voyage à Tokyo, et pour certains la première fois qu'ils quittaient leurs foyers. Je n'oublierai jamais les enfants que j'ai rencontrés, notamment une fille prénommée Ayaka, qui avait perdu sa sœur, ses parents et grands-parents dans le tremblement de terre.

Nous les avons tous surpris en leur permettant de séjourner à Tokyo, pour qu'ils puissent assister à mon concert le soir suivant. Nous leur avons offert à tous des places au premier rang, pour qu'ils se sentent encore plus privilégiés. J'ai même fait monter une des filles sur la scène pour jouer le rôle de ma *Lonely Girl*, et j'ai chanté pour elle.

Le public japonais nous était très reconnaissant d'être venus jouer pour eux, étant donné que beaucoup de stars avaient annulé leurs tournées. Après notre départ, nous avions conclu un arrangement avec Apple pour que chacun des enfants que nous avions rencontrés reçoive un ordinateur qui les aiderait à se bâtir un avenir. J'ai appris qu'Ayaka doit entrer à l'université aux États-Unis cette année. Cela me réconforte de savoir qu'elle s'en sort aussi bien.

J'ai quitté le Japon fier de notre séjour, surtout du temps que j'ai passé avec ces enfants dont la vie avait été si tragiquement bouleversée par un seul événement. Cela m'a rappelé combien il est important de consacrer sa vie à aider et soutenir les gens, et de veiller sur eux. Que l'on soit d'accord ou non, un individu tout seul peut changer la vie d'un autre.

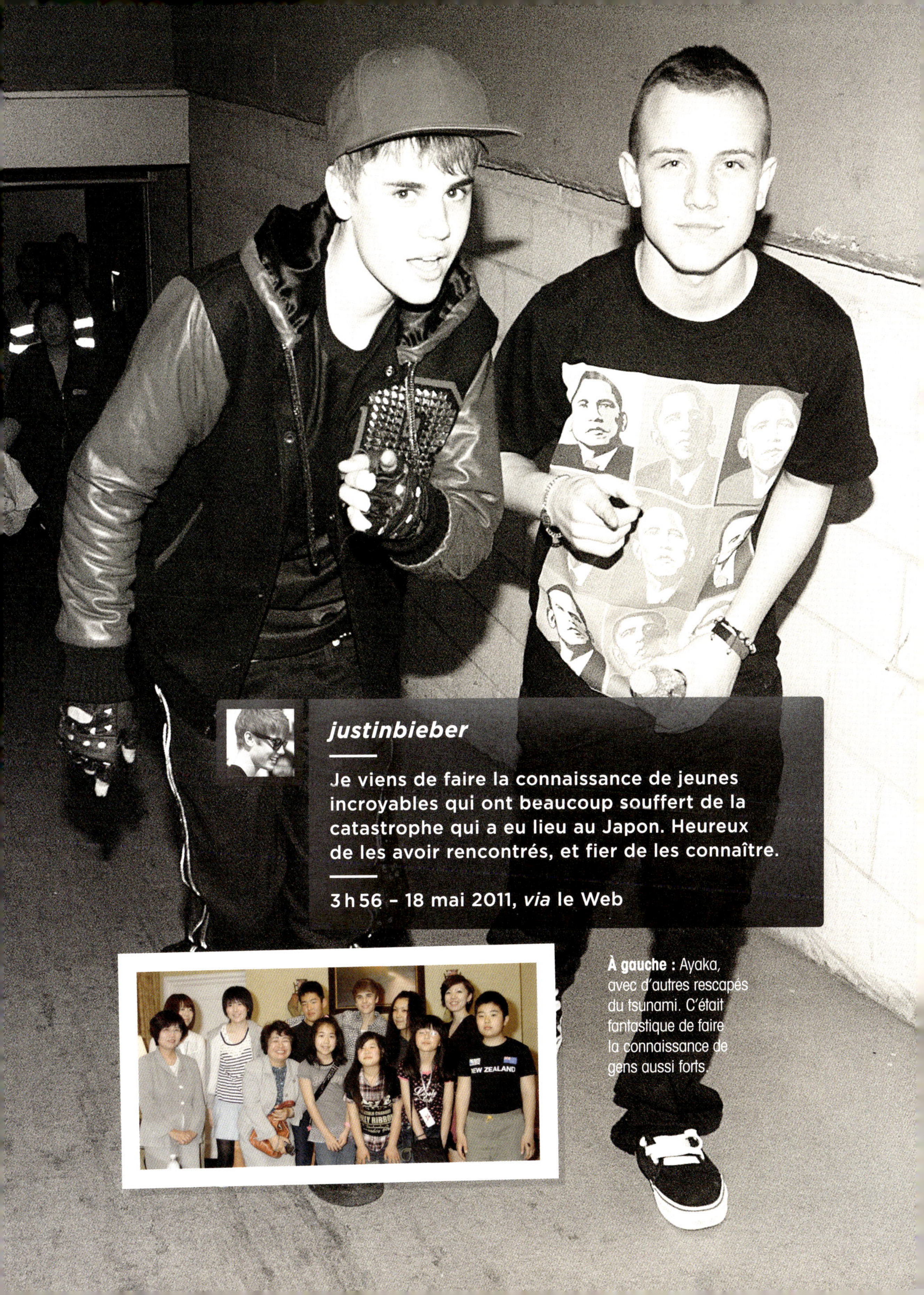

justinbieber

Je viens de faire la connaissance de jeunes incroyables qui ont beaucoup souffert de la catastrophe qui a eu lieu au Japon. Heureux de les avoir rencontrés, et fier de les connaître.

3 h 56 – 18 mai 2011, *via* le Web

À gauche : Ayaka, avec d'autres rescapés du tsunami. C'était fantastique de faire la connaissance de gens aussi forts.

Je m'offre à vous à Osaka. J'adore communier avec vous, mes fans !

justinbieber

@carlyraejepsen, je paie simplement ma dette. C'est juste le début. Je suis content pour toi. En avant !

20 h 15 – 14 février 2012, *via* le Web

CARLY RAE JEPSEN

Stratford, Ontario, Canada
Décembre 2011

J'étais rentré à Stratford pour fêter Noël en famille, et je n'arrêtais pas d'entendre une chanson à la radio, *Call Me Maybe*. C'était vraiment un air entêtant – vous savez, de ceux dont on se rappelle toutes les paroles après les avoir entendues deux ou trois fois. Quoi qu'il en soit, partout où j'allais avec mes copains, la chanson passait à la radio, et il y avait toujours quelqu'un pour monter le son pour qu'on puisse chanter en chœur. Même si elle avait du succès au top canadien, comme je trouvais que c'était une chanson géniale qui en aurait encore plus à l'étranger, j'ai tweeté : « *Call Me Maybe* est la chanson la plus entêtante qui soit. »

Je n'arrêtais pas de demander autour de moi qui en était la chanteuse.

On m'a répondu qu'elle s'appelait Carly Rae Jepsen – c'était une chanteuse qui était passée sur « Canadian Idol » en 2007 et qui avait eu quelques hits depuis.

OK, j'avais compris. Mais était-elle sous contrat avec un label ?

Personne ne savait.

Il n'a pas fallu longtemps à Scooter pour m'appeler après avoir lu mon tweet, et je lui ai demandé de chercher si elle était signée quelque part. À peine avons-nous découvert qu'elle n'avait aucun contrat en dehors du Canada, que nous avons vu l'occasion de la signer. J'aimais ce que j'avais entendu, et je me suis dit : quelle meilleure manière d'utiliser mon nom que d'aider une autre artiste que je trouve géniale, et la faire connaître de tout le monde ? #payitforward

Depuis, elle a été entendue partout, elle connaît un succès mondial et je suis vraiment fier d'elle. Je suis heureux d'avoir pu faire pour une autre artiste ce qu'Usher a fait naguère pour moi. En fin de compte, c'est juste ma manière de payer ma dette. Quand j'ai commencé, quand Scooter m'a découvert, nous sommes allés voir Usher pour qu'il m'aide à décrocher un contrat et me faire connaître. Il est resté mon mentor depuis. J'ai le sentiment d'avoir le devoir d'agir de même pour tout artiste en herbe en qui je crois. Il n'y a pas plus beau sentiment au monde que de savoir que vous avez donné à quelqu'un quelque chose dont il avait besoin, et de le regarder prendre son envol.

CHAPITRE 6
ENFANCE

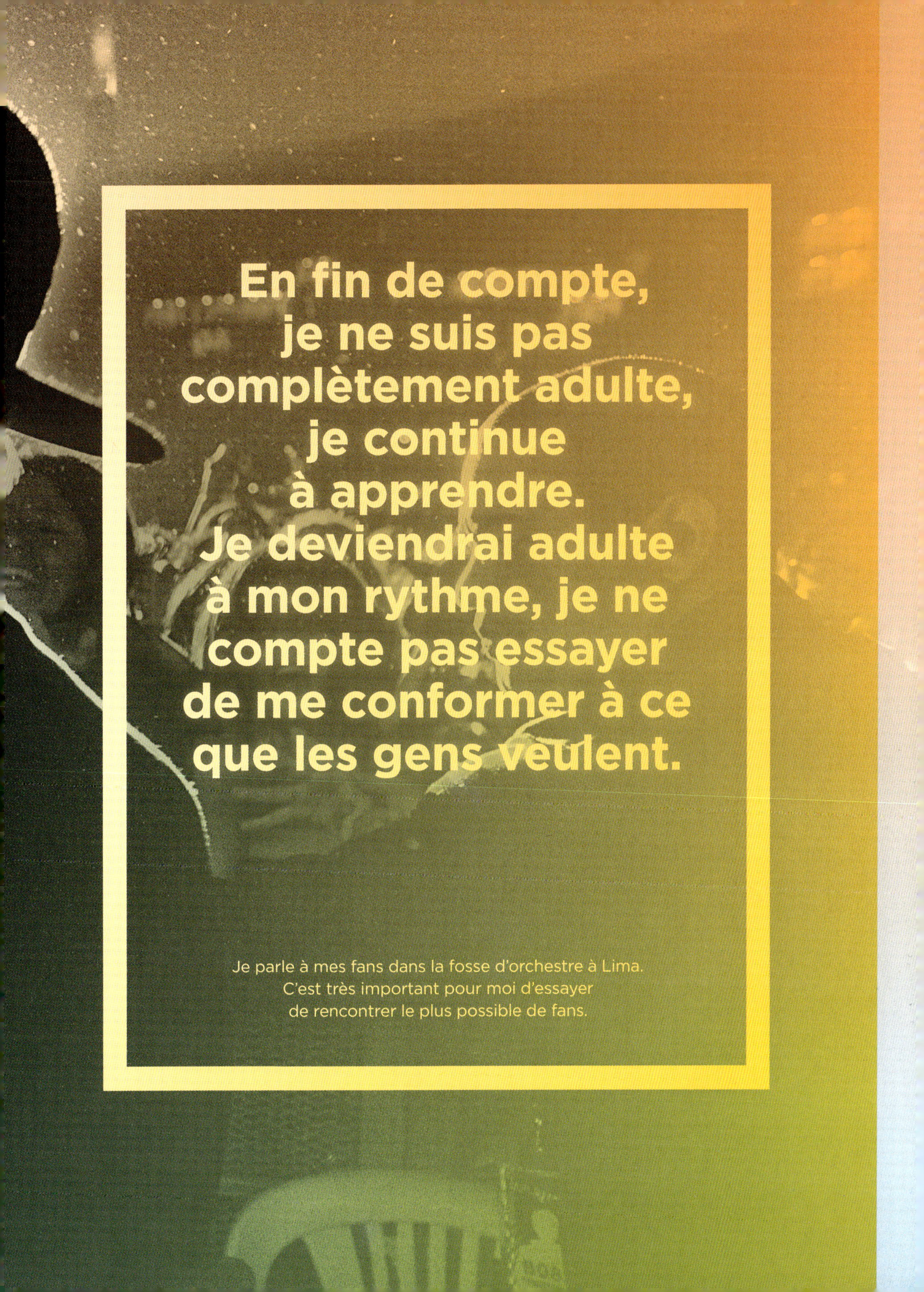

En fin de compte, je ne suis pas complètement adulte, je continue à apprendre. Je deviendrai adulte à mon rythme, je ne compte pas essayer de me conformer à ce que les gens veulent.

Je parle à mes fans dans la fosse d'orchestre à Lima.
C'est très important pour moi d'essayer
de rencontrer le plus possible de fans.

FAMILLE

Même si je n'ai pas eu ce qu'on appelle une famille « normale » dans mon enfance, j'ai défini les miens comme la priorité dans ma vie. J'adore ma famille et je suis très protecteur pour tous, surtout mon petit frère et ma petite sœur. Je suis le genre de mec qui ne laisse jamais tomber personne, que ce soit un ami, un membre de la famille, voire mes fans. J'ai toujours été comme cela. Je sais trop ce que cela fait d'être abandonné, et je refuse que quiconque connaisse cela.

Dans mon enfance, mes grands-parents ont toujours été très présents. Ils ont été une force stabilisatrice tout au long de ces années, ce qui m'a permis de poursuivre mes rêves, même tout petit. Ils ont récemment pris leur retraite, et comme ils m'ont énormément donné dans mon enfance, j'ai voulu faire quelque chose de vraiment particulier pour eux. J'ai décidé de leur acheter une nouvelle maison, où ils pourront s'installer et savourer cette partie de leur vie. Je voulais que ma grand-mère ait une cuisine plus grande, surtout pour les moments où nous rentrons tous pour les voir à Noël. Et quand je suis rentré à cette occasion, j'avais une autre surprise pour eux, une voiture toute neuve que j'ai garée devant la maison et que je leur ai offerte pour exprimer modestement tout ce qu'ils représentent pour moi. J'ai aussi laissé un peu d'argent pour l'essence dans la boîte à gants, pour qu'ils n'aient pas à s'inquiéter pour faire le plein. Je peux franchement vous dire qu'il n'y a rien de mieux en ce monde que d'aider les gens qui vous aiment depuis toujours. À leurs yeux, je serai toujours un petit garçon, leur petit-fils Justin, et cela me va parfaitement.

Justinbieber

C'est de #l'amour – maman, grand-mère, mon arrière-grand-mère – des femmes fortes. #Famille
http://t.co/pUF8od7j

8 h 24, 18 novembre 2011, *via* le Web

family

Je ne serais arrivé nulle part dans ce monde sans une famille aussi merveilleuse.
Je suis tellement heureux et privilégié de les avoir derrière moi!

justinbieber

C'est mon anniversaire.
Mais ce n'est qu'un début.
http://t.co/agD8faMb

9 h 55, 1er mars 2012, *via* le Web

UN JOUR À FÊTER

Los Angeles, Californie
1er mars 2012

Pour la plupart des adolescents, fêter son dix-huitième anniversaire est super important. Je n'ai pas fait exception. Je savais que mon dix-huitième anniversaire serait un grand moment, mais je n'avais pas prévu à quel point ce serait émouvant pour tout mon entourage. Pour moi, c'était une date capitale, bien sûr, mais pour ceux qui m'ont regardé grandir et mûrir au cours des années, c'était bien plus encore !

Je voulais partager ce grand jour avec mes amis les plus proches et ma famille, qui sont tous venus en Californie depuis le Canada, de New York, d'Atlanta et d'autres endroits du pays pour un week-end de fête. Nous avions prévu un petit dîner la veille au SLS Hotel de Los Angeles. Comme l'anniversaire de ma cousine tombait également la même semaine, j'avais prévu un gâteau et je lui ai chanté *Happy Birthday* ce soir-là, pour qu'elle ne se sente pas exclue ou imagine que nous avions oublié que c'était un grand jour pour elle aussi.

Ma mère a projeté un montage d'images des dix-huit premières années de ma vie. Euh oui, c'était un petit peu gênant, mais aussi super touchant. Ma mère est comme toutes les autres, elle a un milliard de photos de moi prises au fil du temps, et je sais qu'il lui a fallu longtemps pour trier toutes ces vieilles photos de famille et choisir celles qu'elle voulait présenter. Il y en a quelques-unes de très amusantes de moi avec mon père portant des fausses moustaches. Outre la famille, elle ajouté des photos de Kenny, Scooter, Fredo, Dan, Carin, Allison, Ryan, Chaz et tous ceux qui font partie de ma vie. C'était plutôt amusant de voir sur certains de ces vieux clichés combien tout le monde avait changé depuis. Elle avait même utilisé comme musique de fond les chansons de Tragically Hip, *Wheat Kings*, *On Bended Knee*, de Boyz II Men, et *Man in the Mirror*, de Michael Jackson, trois de mes préférées de tous les temps. C'était vraiment émouvant de voir tout le mal qu'elle s'était donné pour ce cadeau très personnel, même si je dois dire qu'il y avait quelques photos que j'aurais préféré oublier ! Malgré tout, c'était très drôle de revoir toutes ces images et de plonger dans ces souvenirs avec tous ceux qui étaient là ce soir, surtout ma mère et mon père, qui était venu à Los Angeles avec ma petite sœur Jazmyn et mon petit frère Jackson.

Même si Jazmyn et Jackson ne sont pas venus aux fêtes, j'ai passé quelques moments privilégiés avec eux durant la semaine où ils sont restés à Los Angeles, en les emmenant au Chuck E. Cheese et en jouant avec eux. Je regrette de ne pas pouvoir leur consacrer plus de temps, mais au moins nous nous éclatons quand nous sommes ensemble.

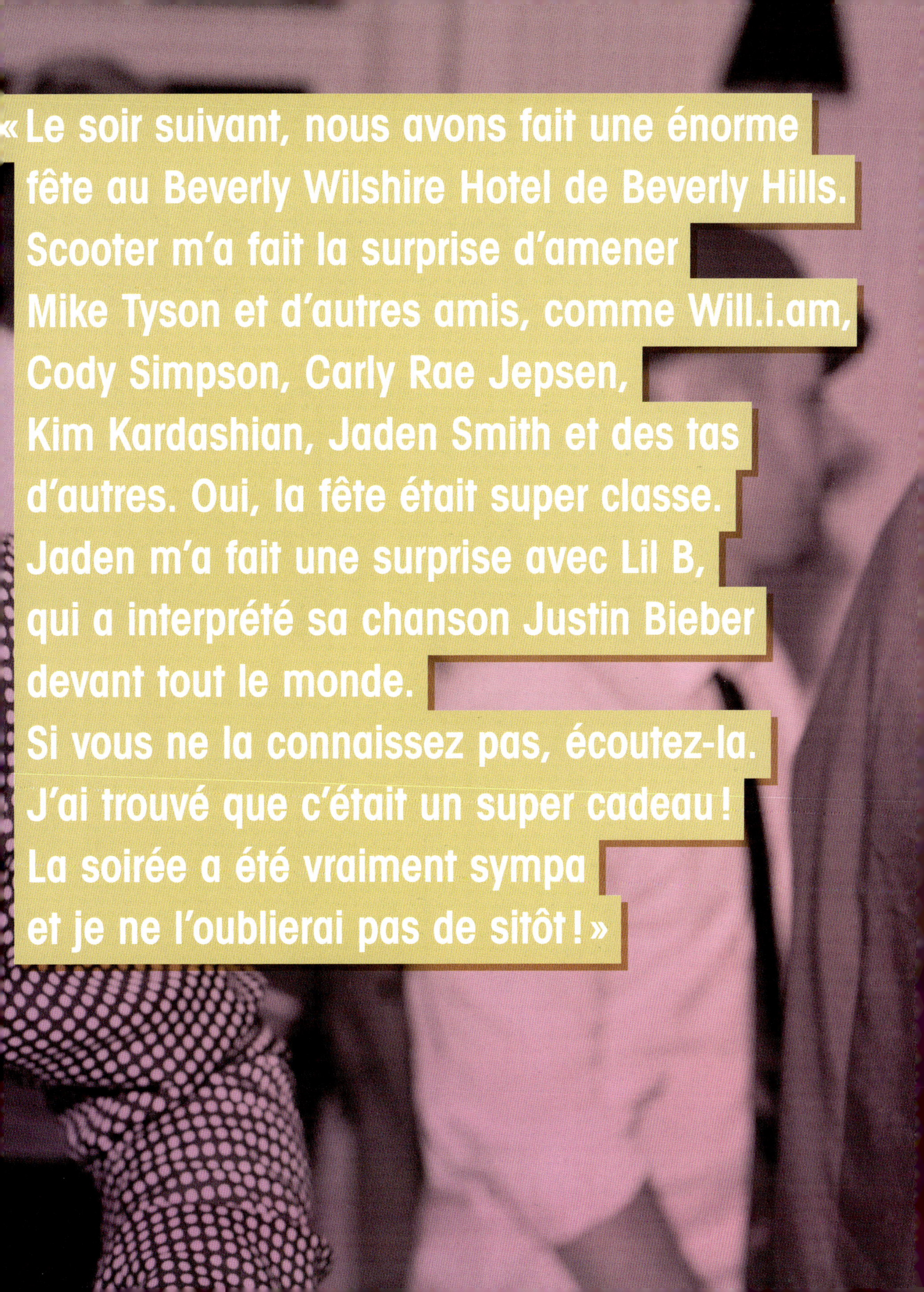

« Le soir suivant, nous avons fait une énorme fête au Beverly Wilshire Hotel de Beverly Hills. Scooter m'a fait la surprise d'amener Mike Tyson et d'autres amis, comme Will.i.am, Cody Simpson, Carly Rae Jepsen, Kim Kardashian, Jaden Smith et des tas d'autres. Oui, la fête était super classe. Jaden m'a fait une surprise avec Lil B, qui a interprété sa chanson Justin Bieber devant tout le monde.
Si vous ne la connaissez pas, écoutez-la. J'ai trouvé que c'était un super cadeau ! La soirée a été vraiment sympa et je ne l'oublierai pas de sitôt ! »

justinbieber

L'anniversaire a super bien démarré !
Mes potes sont là. Que la fête commence !

8 h 37, 1er mars 2012, *via* le Web

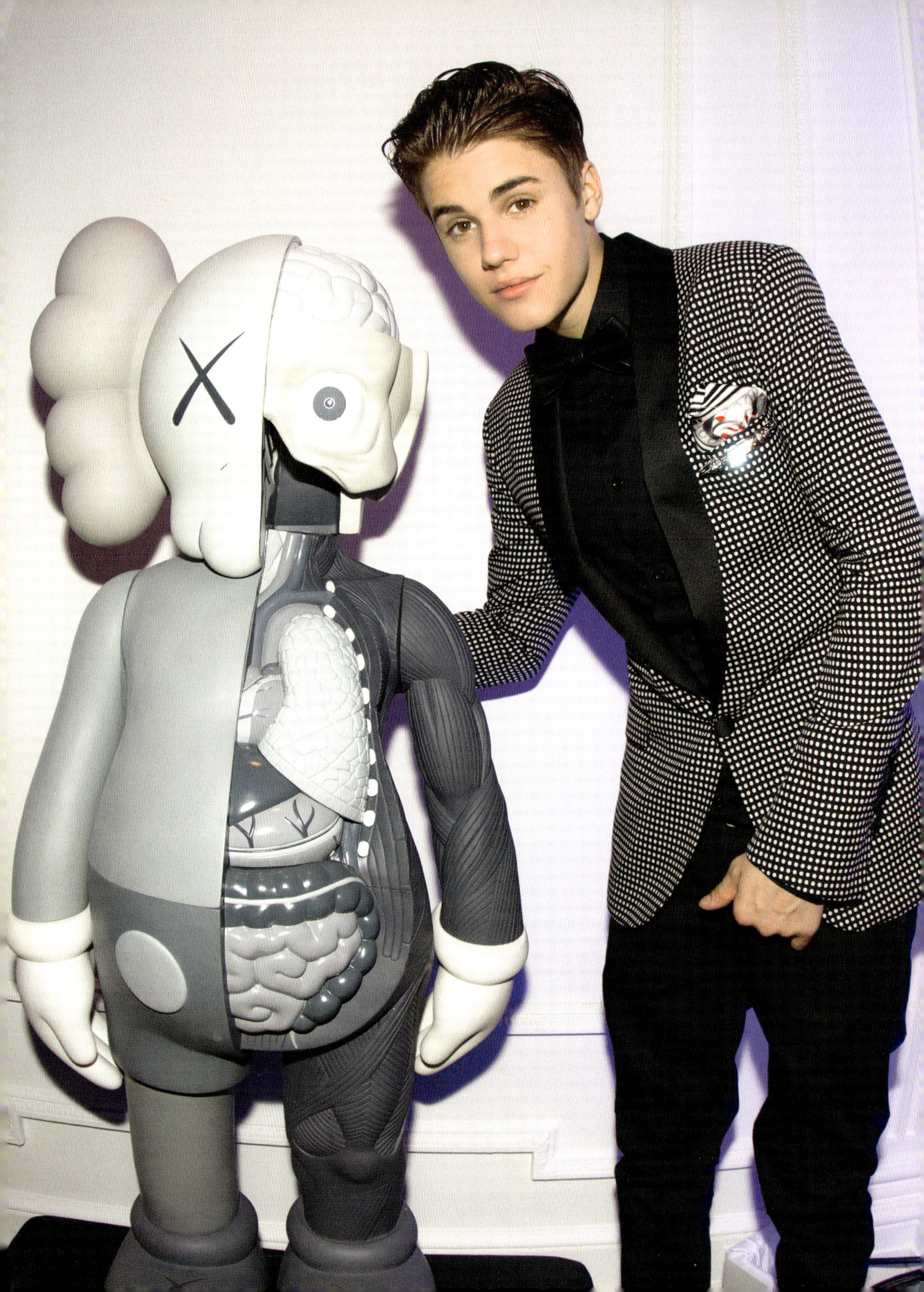

Avant mes dix-huit ans, je crois que c'était plus facile pour moi de jouer la carte de « l'enfant », genre pouvoir faire impunément des trucs qu'on n'est plus vraiment autorisé à faire quand on devient adulte. Ne vous méprenez pas, j'adore toujours les bonnes blagues ou jouer des tours à tout le monde, mais j'ai aussi senti que j'avais de nouvelles responsabilités, et le besoin de prendre les rênes de ma vie, ce dont je n'avais pas autant conscience avant. Il y a des gens qui essaient de grandir trop vite, surtout ceux qui sont dans le show-business. Ils arrivent à dix-huit ans et clament qu'ils ne sont plus des enfants. Eh bien, ce n'est pas vraiment comme cela que j'ai vu les choses. Bien sûr, je veux qu'on sache que je ne suis plus vraiment un gamin, mais qu'en définitive je ne suis pas non plus complètement adulte. Je veux suivre mon propre rythme, quel qu'il soit, et avoir la liberté de commettre des erreurs qui me permettront d'apprendre. Et figurez-vous que je continue d'apprendre, et que j'espère qu'il en sera ainsi chaque jour. J'espère que mes fans vieilliront et apprendront en même temps que moi.

Écoutez-moi, je suis jeune et j'aime toujours autant m'amuser.

Je ne suis pas parfait, j'estime que tout le monde commet des erreurs et que c'est ainsi. J'ai autour de moi une famille et des mentors tellement géniaux qu'ils feront tout leur possible pour m'empêcher de prendre une mauvaise décision, propre à bouleverser mon existence. Et honnêtement, je fais très attention de ce côté-là aussi. Surtout que j'ai vu cela arriver dans la vie de pas mal d'autres. J'ai eu une chance qui ne se présente qu'une fois, et même si je m'éclate, je ne vais pas décider de tout laisser tomber juste pour que certains me trouvent cool. Je pourrais être mon pire ennemi, mais je ne veux pas tout gâcher. Je vis quelque chose de génial, et cela vaut la peine de suivre le bon chemin.

Maintenant que je suis plus âgé, je ne vais pas me conformer à ce que les gens veulent, ou me mettre à sortir et faire la fête, m'exhiber en train de boire de l'alcool. Mon but est de ne jamais faire quoi que ce soit qui me prive du respect des enfants et des parents. Les parents ne veulent pas que leurs enfants voient certains artistes, parce qu'ils considèrent leur influence comme néfaste. Je suis fier de ne pas en faire partie. Je veux simplement avoir une bonne influence sur les gens, et la meilleure manière c'est de vivre comme je vis, et si quelqu'un racontait des histoires dingues sur mon compte, personne ne les croirait!

Quand je réfléchis à mon rôle en ce monde, je veux pouvoir faire comme Michael Jackson : choisir des chansons avec des paroles saines, rendre généreusement aux autres ce qu'ils me donnent, et être adoré autant par les gamins que par leurs grands-parents. Idéalement, je voudrais que mes fans grandissent avec moi et que je sois respecté de tous. Je veux être quelqu'un qu'on considère comme un exemple et un modèle.

Scooter me rappelle toujours de rester modeste et me déconseille d'acheter quoi que ce soit de trop voyant. Il m'a appris à ne pas vouer de culte à l'argent, car dès que l'on s'y met, on se retrouve avec une maison immense, des voitures de luxe et un cœur vide. C'est absolument vrai. Nous essayons de garder les pieds sur terre. C'est parfois agaçant, mais je comprends, et c'est pour cela que j'ai été totalement soufflé quand Scooter m'a offert une Fisker Karma 2012 toute neuve comme cadeau d'anniversaire, lors de l'« Ellen DeGeneres Show », de sa part et de celle d'Usher.

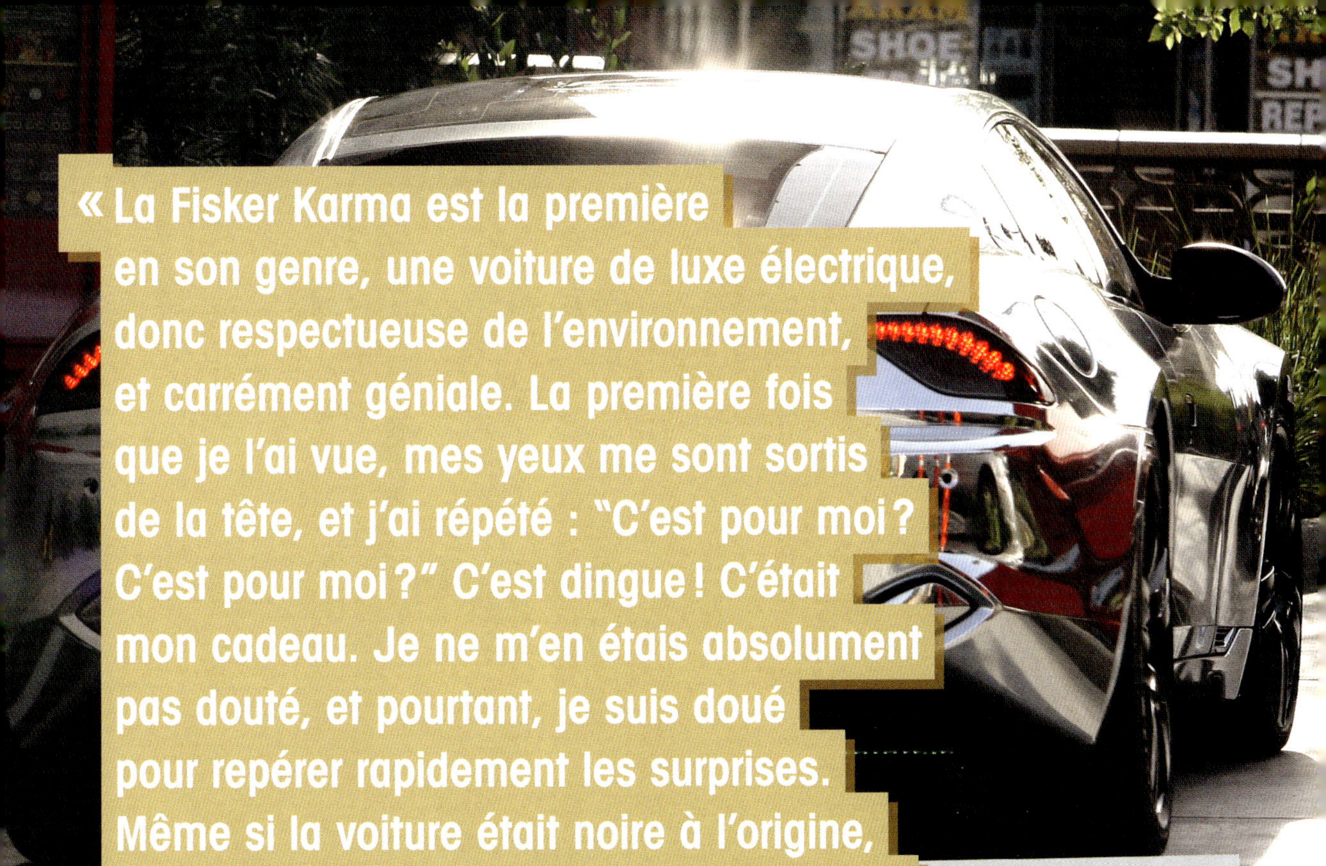

« La Fisker Karma est la première en son genre, une voiture de luxe électrique, donc respectueuse de l'environnement, et carrément géniale. La première fois que je l'ai vue, mes yeux me sont sortis de la tête, et j'ai répété : "C'est pour moi ? C'est pour moi ?" C'est dingue ! C'était mon cadeau. Je ne m'en étais absolument pas douté, et pourtant, je suis doué pour repérer rapidement les surprises. Même si la voiture était noire à l'origine, j'ai eu l'idée de la customiser et je l'ai fait repeindre en chrome par mon pote Ryan, chez West Coast Customs. Maintenant, on dirait une énorme balle en argent sur roues. La classe ! »

LYCÉEN DIPLÔMÉ

Mai 2012

L'année 2012 a été pleine d'événements importants. Non seulement j'ai eu dix-huit ans, mais j'ai terminé le lycée. Durant toutes les années où j'étais en tournée, j'ai discrètement, mais sérieusement, poursuivi mes études, comme si j'étais resté au lycée à Stratford. Mon équipe s'est assurée que cela restait une priorité pour que je ne prenne pas de retard, ou pire, que je n'aie pas mon diplôme. Et tout le monde veillait aussi à ce que je ne néglige ni ne bâcle rien. Quand j'ai demandé pourquoi j'étudiais une matière comme la géométrie, qui ne me servirait jamais dans la vraie vie, Kenny m'a mis les points sur les i : « Gamin, c'est ce que me disait toujours mon père, tu étudies ces matières-là parce que cela permet à ton cerveau de réfléchir analytiquement. Les maths, c'est comme le sport pour le cerveau. Tu n'utiliseras peut-être jamais un algorithme ou une équation, mais cela contribue à ta réflexion critique. »

Je l'ignorais à l'époque, mais Kenny avait raison. Quels que soient vos objectifs dans la vie, rien n'est plus important que les études. Donc, même si j'étais occupé à parcourir le monde en tournée avec un emploi du temps dément pour un jeune de mon âge, j'ai quand même décroché mes examens.

J'aurais bien assisté à la remise des diplômes avec mes copains de classe et mes amis, mais je suis sûr que j'aurais volé la vedette et que cela aurait gâché ce moment pour les autres, et il n'en était pas question. Mais comme Ellen m'a offert un mortier et une toge quand je suis passé dans son émission, au moins j'avais le costume du rôle.

« Quels que soient vos objectifs dans la vie, rien n'est plus important que les études. »

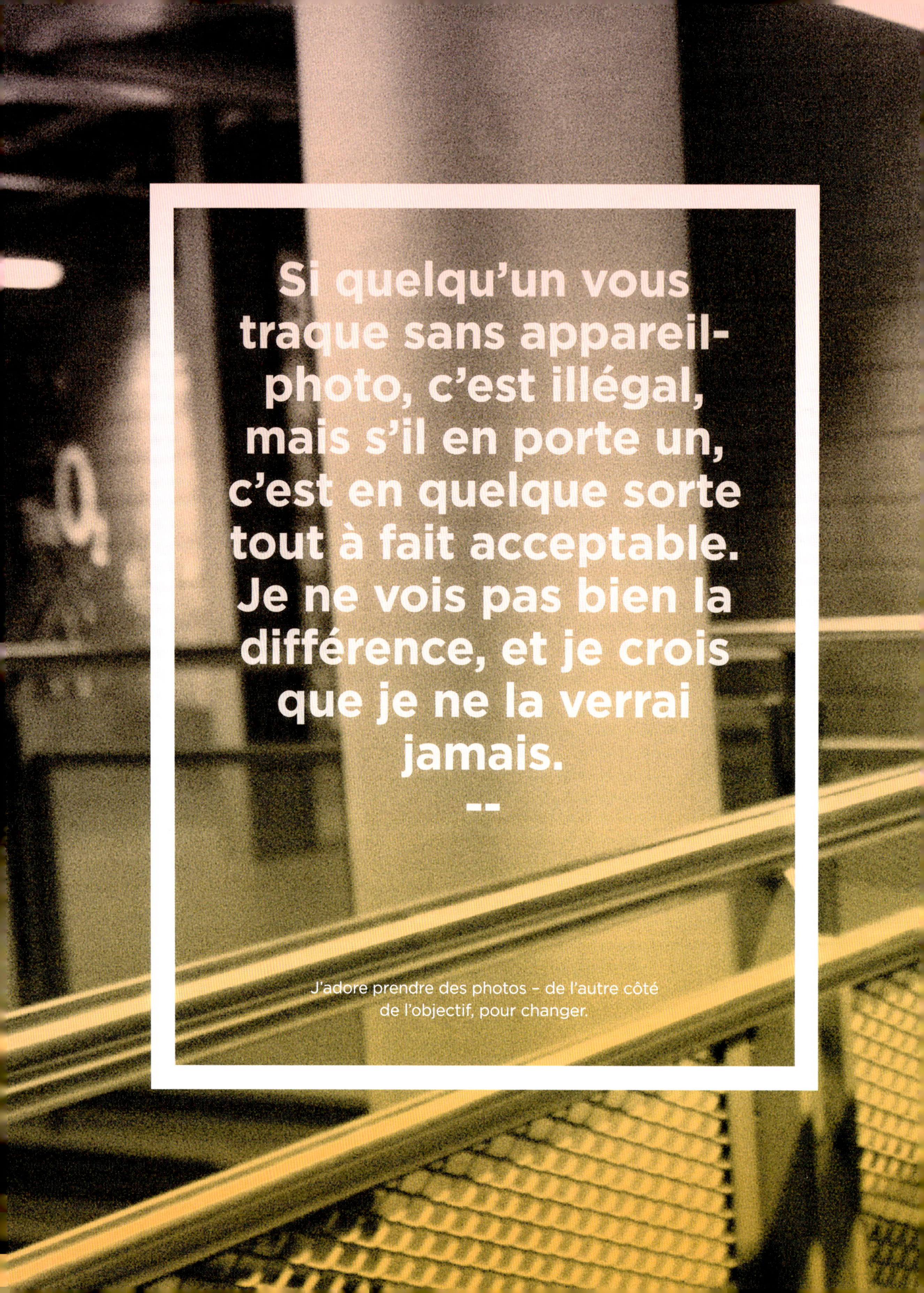

Si quelqu'un vous traque sans appareil-photo, c'est illégal, mais s'il en porte un, c'est en quelque sorte tout à fait acceptable. Je ne vois pas bien la différence, et je crois que je ne la verrai jamais.

--

J'adore prendre des photos – de l'autre côté de l'objectif, pour changer.

CHAPITRE 7

PRISE DE POSITION

PRISE DE POSITION

En ce qui concerne les relations amoureuses, je suis comme tous les ados. Il y a juste certaines choses que j'essaie de garder pour moi, parce que je suis jeune et que je ne connais pas encore tout. J'en suis encore à l'apprentissage de la confiance, des joies et des difficultés qu'elle présente. J'aime la compagnie de quelqu'un d'intelligent avec qui je peux avoir une vraie conversation. On ne se montre pas faible ou moins homme quand on traite une femme respectueusement et qu'on lui fait des cadeaux. N'oubliez pas, les mecs, que si vos copains vous chambrent parce que vous êtes romantiques, c'est simplement parce qu'ils ne savent pas comment traiter convenablement leur petite amie.

Venons-en donc au fait... En 2011, une femme sortie de nulle part a entamé un procès en paternité en prétendant qu'elle était enceinte de moi. J'étais mineur à l'époque et elle majeure, et elle ne détenait absolument aucune preuve pour étayer ses allégations. En réalité, nous ne nous étions jamais rencontrés. Les médias (y compris les plus sérieux) ont relayé l'histoire et l'ont publiée comme si tout était vrai. Qu'est devenu le journalisme responsable? Les journalistes ne sont-ils pas censés vérifier les faits avant de rédiger leurs articles? Peut-être que je suis le seul, mais au lycée, je n'aurais jamais réussi à inventer un bobard sans que mes profs ne me collent une mauvaise note pour avoir tenté une chose pareille!

Ce que je ne comprends pas non plus, c'est que s'il est illégal de vous harceler, cela devient tout à fait acceptable avec un appareil photo. Je ne vois pas bien la différence, et je crois que je ne la verrai jamais.

L'un des pires inconvénients de la célébrité, ce sont les libertés que prennent les médias quand ils parlent de la vie privée d'une personnalité. Comme sans les médias vous ne pourriez pas faire votre métier, je suppose que c'est donnant, donnant. C'est déjà assez dur comme ça de traverser les épreuves de l'adolescence, mais devoir les affronter sous l'œil scrutateur de la presse ne fait qu'amplifier les choses. Ce serait difficile pour n'importe quel ado. Mais raconter, qui plus est, des mensonges sur ma vie, c'est dépasser les bornes, et j'estime que ce n'est pas juste.

Moi, en train de jouer au paparazzo avec Kenny – il adore cela, en fait !

Pourquoi est-il nécessaire à présent de faire du sensationnel en sacrifiant la vérité pour pousser les gens à acheter les journaux et les magazines ? Depuis quand les sites de ragots sur le Web constituent-ils des sources d'information fiables ?

J'ai toujours eu de bonnes relations avec les médias, et la plupart du temps, médias et paparazzi se sont plutôt bien comportés à mon égard. Sans eux, je n'aurais pas une relation aussi étroite avec vous, mes fans, mais en même temps, je préférerais que certains aient recours à d'autres méthodes pour obtenir la matière de leurs articles. Quand les paparazzi sont gentils et respectueux, je n'ai pas peur d'avoir une conversation avec eux. Je bavarde, je pose pour quelques photos, je les remercie et je m'en vais. Mais je ne suis pas d'accord quand ils m'abordent de manière agressive et ne respectent pas mon espace personnel parce qu'ils me considèrent comme un produit, et non comme un individu.

On croit à tort que je les déteste. Ce n'est pas vrai. Je ne les aime pas quand ils sont agressifs. Quand on me voit rire et m'amuser avec certains, c'est parce que notre échange est agréable. Ils sont reconnaissants que je sois disposé à travailler avec eux, et moi qu'ils m'abordent respectueusement. Cependant, il est arrivé que l'interaction soit hostile dès le départ. Quand vous me voyez me fâcher ou m'énerver dans les médias, ce qui ne paraît pas à l'écran, c'est la manière dont ces gens m'ont abordé. Ils disent par exemple : « Salut, Justin, pourquoi tu es aussi naze, ces derniers temps ? », « Ta mère est moche » ou « Ton petit frère et ta petite sœur sont moches. » Ils m'infligent ce genre de propos pour essayer de me faire sortir de mes gonds. Que je sois célèbre ou pas, insulter ma famille est totalement inacceptable. Et quand ce n'est pas à ma famille qu'on s'en prend, c'est à moi, en proférant des grossièretés ou des horreurs, comme « pauvre petit blanc » – et ce n'est rien en comparaison d'autres gracieusetés.

Sympa. Carrément pas.

La majeure partie de la presse n'est pas comme cela, mais un certain type de paparazzi agit grossièrement, simplement pour obtenir une photo sur laquelle j'aurais l'air irrité ou vexé. Cela ne se fait pas, c'est tout.

Je ne veux pas arriver à un stade d'acceptation de ce genre d'humiliation et d'insulte car c'est inadmissible. C'est une forme de harcèlement inexcusable, quelles que soient les circonstances.

À un moment ou un autre de l'enfance, on est tous la tête de Turc d'autres enfants, même moi j'y ai eu droit. Croyez-moi, personne ne trouve cela agréable. J'ai appris que toute personne témoin de ce genre de harcèlement doit prendre position et agir. Quand vous êtes la victime, c'est difficile de réagir, et vous devez vous défendre seul. Je ne dis pas que vous devez vous battre, mais soyez prêt à vous défendre si vous y êtes contraint. Personne n'a le droit de vous diminuer, de vous humilier ou de vous mépriser, ne donnez à personne ce pouvoir.

Michael Jackson parlait toujours de changer les choses, et je tiens à garder vivants son message et son héritage. En conséquence, si vous voyez quelqu'un se faire maltraiter, il vous faut absolument réagir pour y mettre un terme. C'est pour cela que je me suis impliqué pour que le film *Bully* soit largement diffusé et ne soit pas interdit aux moins de treize ans. Je voulais que le sujet soit abordé dans mon milieu : en effet, je sais que si on amène les gens à parler des sujets importants, vous, moi et le reste de mes fans dans le monde, nous pourrons ensemble changer la donne pour la génération à venir.

justinbieber

Je souris toute la journée. Rien ne m'atteint. Les rumeurs sont des rumeurs, les mensonges des mensonges. Nous connaissons la vérité et nous croyons. #Believe. Salut, les haineux, on arrive, vous ne pourrez pas vous cacher !

15 h 45 - 10 mars 2012, *via* le Web

justinbieber

Restez fidèle à ce que vous êtes. On ne pourra jamais nous briser. Nous sommes une famille. #Teambieber à fond !

8 h 20 - 8 novembre 2011, *via* le Web

Mes fans ont cru en moi depuis le début, et j'ai toujours cru en eux. Regardez où nous en sommes aujourd'hui. Jusqu'où pouvons-nous aller quand nous croyons les uns en les autres ? Ensemble, tout est possible !

--

Dans la cabine d'enregistrement, pendant les sessions de Believe. C'est notre album, notre moment ! #Believe

CHAPITRE 8

BELIEVE

RETOUR EN STUDIO

J'ai eu beaucoup d'influences musicales dans ma vie, depuis ma mère, qui a posé la première pierre avec le R'n'B des années quatre-vingt-dix, jusqu'à ma grand-mère paternelle, qui m'a appris à jouer du piano ; Usher, qui m'enseigne les suaves sonorités de la soul ; Dan et mon père, qui m'ont fait connaître le rock classique ; Kenny, qui écoute du R'n'B old-school, du rap et du rock ; et même Kobe Bryant, qui m'a rappelé que Michael Jackson avait étudié d'autres artistes durant toute sa carrière. Avant d'entrer en studio pour enregistrer *Believe*, j'ai commencé à écouter des vieux disques et à faire attention aux rythmes, aux arrangements, etc. Je crois que cette étude a eu un effet positif sur le processus créatif de l'album. À l'époque, le reste du monde s'intéressait surtout à la musique électronique et à la dance, alors que je me familiarisais avec des types de musique différents qui mélangent la soul, les trucs de la motown et un rythme moderne.

Quand je suis entré en studio pour enregistrer « Believe », comme pour tout ce que je fais, j'avais un objectif précis en tête. Pour moi, ce nouvel album devait être le meilleur, pour prouver à ceux qui doutent de moi que je ne suis pas une pop-star éphémère. J'ai fait cet album dans un esprit « ça passe ou ça casse ». Maintenant que j'ai dix-huit ans, je crois qu'il y a beaucoup de critiques qui pensent que je vais disparaître comme toutes les autres jeunes stars. Mais vous me connaissez. J'ai l'esprit de compétition, je veux faire de l'inattendu. Et comme Justin Timberlake, Usher et Michael Jackson, qui sont passés avant moi d'enfant-star à star adulte, je ne vais pas disparaître. Point barre.

Je suis conscient qu'il y a des gens qui détestent ma musique alors qu'ils ne l'ont jamais écoutée. Ils détestent simplement l'idée que quelqu'un de jeune puisse réussir. Ils pensent que je suis un petit robot chantant préfabriqué, et non pas un type qui a un vrai talent. Tous les jours, à chaque instant, je suis prêt et disposé à prouver à ceux qui doutent de moi qu'ils ont tort. J'adore être le challenger. Cela nous donne, à moi et à mes fans, un objectif nouveau à atteindre.

Justin Bieber
Lyrics!!

justinbieber

Je suis assis, à écouter toutes les chansons qu'on a ! On a des hits !
Des trucs différents ! Je suis à fond ! #Believe

0 h 32 – 18 mars 2012 *via* le Web

Pendant que je définissais mon parcours, j'ai souvent pensé à Michael Jackson et sa carrière, et pour moi, enregistrer « Believe » ressemble à Michael Jackson enregistrant « Thriller » après le succès mondial dément de « Off The Wall ». En faisant cet album, je savais que mon plus grand défi était de faire comprendre aux gens que c'est cool d'apprécier ma musique. Du coup, en studio, il était clair pour tous ceux avec qui je travaille que je voulais prendre plus de risques, essayer de nouvelles approches musicales et me lancer des défis créatifs pour atteindre un niveau artistique supérieur. Pour y parvenir, je me suis nettement plus impliqué dans tous les aspects de la production. Je n'avais pas le choix, parce que je voulais que ce soit parfait. Chaque détail comptait.

Alors que j'ai enregistré « My World » en quelques semaines et laissé d'autres gens prendre les commandes de l'aspect créatif, il m'a fallu plusieurs mois en studio pour que *Believe* parvienne au stade que j'estimais nécessaire. J'ai appris beaucoup depuis *My World*, et j'étais prêt à utiliser mon expérience et mes compétences. Et j'étais entouré d'une équipe géniale, dont mon producteur vocal, Kuk Harrell, qui est avec moi depuis le début. Kuk a travaillé avec certains des plus grands noms du milieu, y compris Beyoncé, Rihanna, Mariah Carey, Chris Brown et Usher, pour ne citer qu'eux. Au fil des années, il m'a appris à être plus attentif et précis en studio, et cela m'a permis d'avoir suffisamment confiance en moi pour avoir le dernier mot sur mon son.

J'estime que c'est ma responsabilité d'être le meilleur possible. Si je commence à faire de la mauvaise musique, je n'attendrai pas des gens qu'ils l'apprécient. Mais tant que je ferai de la musique géniale, il n'y a aucune raison pour qu'ils me détestent. Il suffit que les gens prennent le temps d'écouter. Je suis là pour une bonne raison, et je serai là jusqu'au bout.

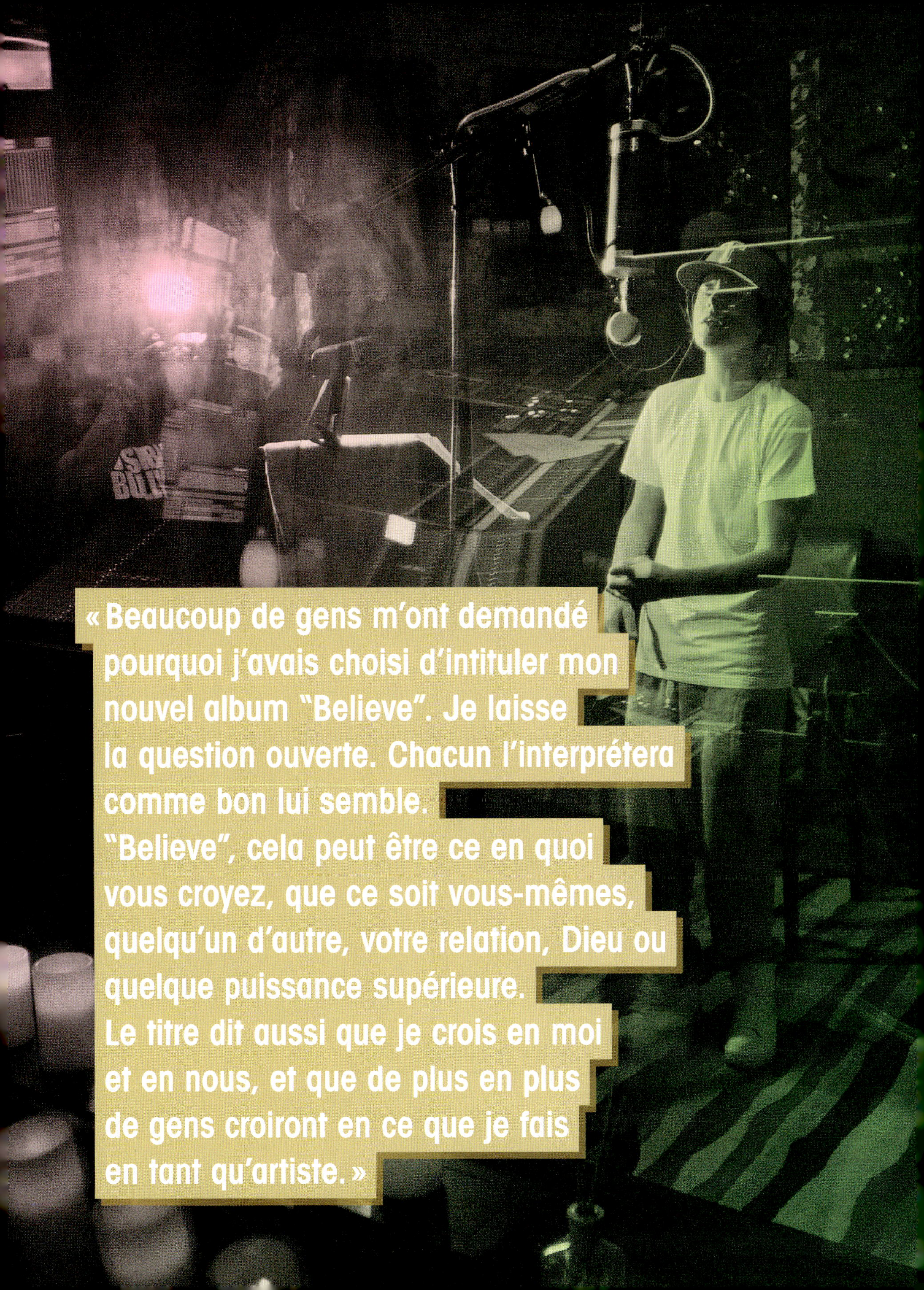

« Beaucoup de gens m'ont demandé pourquoi j'avais choisi d'intituler mon nouvel album "Believe". Je laisse la question ouverte. Chacun l'interprétera comme bon lui semble.
"Believe", cela peut être ce en quoi vous croyez, que ce soit vous-mêmes, quelqu'un d'autre, votre relation, Dieu ou quelque puissance supérieure.
Le titre dit aussi que je crois en moi et en nous, et que de plus en plus de gens croiront en ce que je fais en tant qu'artiste. »

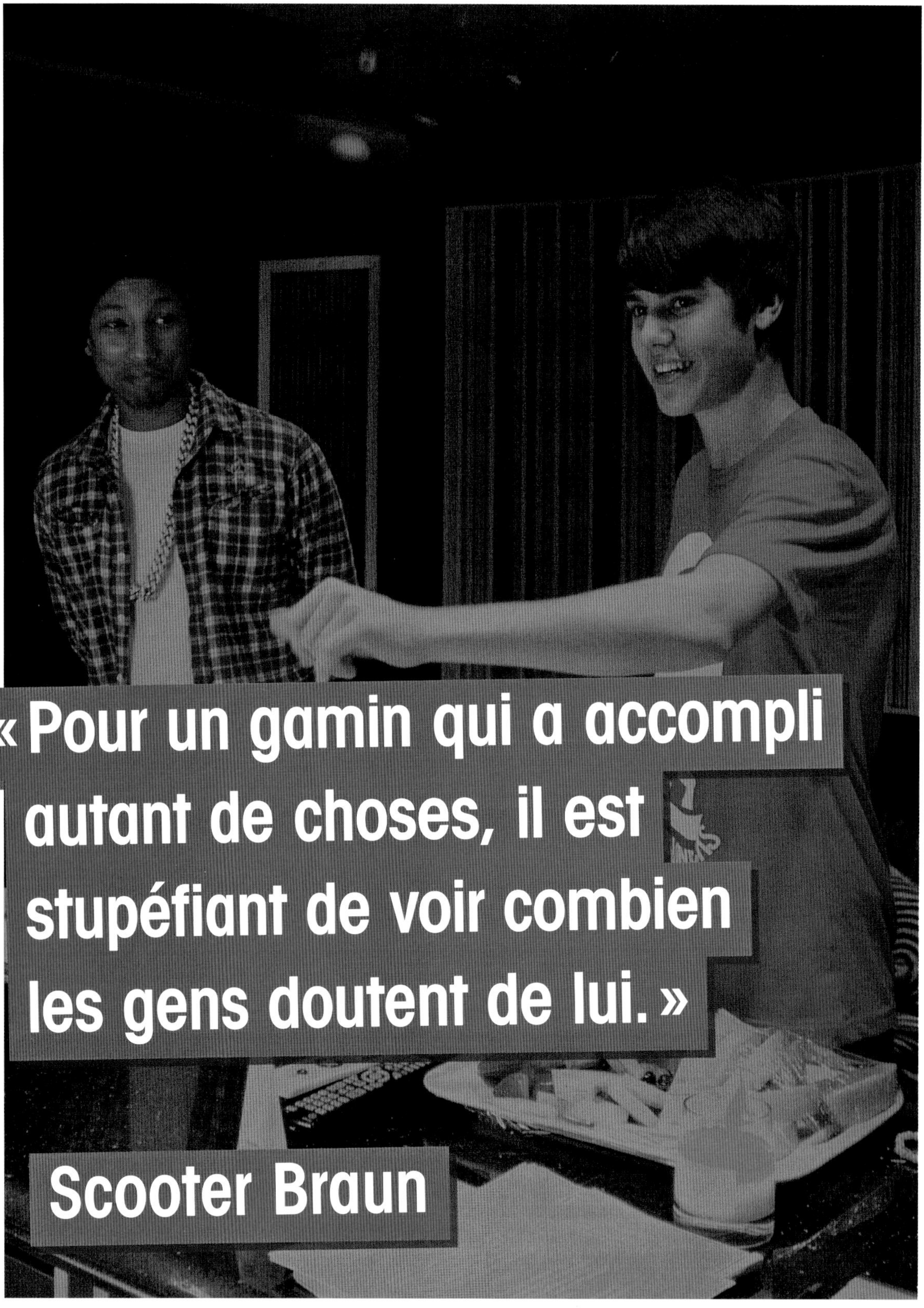
« Pour un gamin qui a accompli autant de choses, il est stupéfiant de voir combien les gens doutent de lui. »
Scooter Braun

justinbieber
Le voyage ne fait que commencer #Believe
14 h 15 – 18 février 2012, via le Web

BELI
Happy
Release Day
Justin

EVE

Moi avec Vanessa,
la jouant rock-star sur le
plateau du tournage de
la vidéo de *Boyfriend*.

BOYFRIEND

J'étais tout excité de sortir *Boyfriend*, le premier single de l'album « Believe », parce que c'était un son différent de celui auquel mes fans étaient habitués. En outre, comme ils l'avaient attendu longtemps, il fallait que ce soit une tuerie. La chanson a été coécrite et produite par Mike Posner et Mason Levy. Notre but était de faire quelque chose que tous nos amis auraient envie d'écouter en boucle dans leur voiture. J'adore vraiment le processus de collaboration, surtout quand il s'agit de créer de la bonne musique. En tant qu'artiste, je ne suis pas en mesure de penser tout seul à tout, et j'apprécie donc vraiment quand les gens acceptent de travailler avec moi sur des idées pour produire la meilleure musique possible.

Il semble que nous ayons fait mouche, puisque *Boyfriend* a dépassé les 521 000 exemplaires vendus dès sa première semaine dans le top, rien qu'aux États-Unis. Le numéro un mondial des singles numériques dès la première semaine ! Et c'est la meilleure vente de singles de toute l'histoire de mon label, Universal Music Group. Je n'en suis pas revenu…

Beaucoup de gens ont dit qu'ils n'aimaient pas ma musique, mais une fois qu'ils ont entendu *Boyfriend*, je pense qu'ils ont changé d'avis. Et c'était mon but, augmenter le nombre de ceux qui croient en moi. Je pense qu'ils ont pu écouter un aspect différent de ma musique : un son plus mature et plus soul, avec un soupçon de R'n'B mélangé à du hip-hop, tout un tas de styles différents de ce qu'on a l'habitude d'entendre chez moi. J'ai même ajouté une référence à l'un de mes personnages préférés de *Toy Story*, Buzz Lightyear, pour la frange la plus jeune de mon public ; et à la fondue pour la frange plus âgée, afin qu'ils sachent que je pense autant à eux qu'à mon public ado. Oui, peut-être que j'en ai refroidi certains quand ils m'ont entendu chanter du rap ; mais ils ont rapidement apprécié, et je dois admettre que cela m'a fait très plaisir. Ce qui est drôle avec *Boyfriend*, c'est que c'est peut-être la huitième meilleure chanson de l'album. Je les adore toutes.

#Believe

RIGHT HERE

Right Here est l'une de mes chansons préférées dans « Believe », parce que j'ai travaillé les paroles et la mélodie et pu construire ce morceau entièrement. C'est une chanson douce et émouvante qui donne d'emblée le ton. Et puis elle m'a permis de travailler avec Drake, que je respecte vraiment. Il est super cool et simple, sans compter qu'il a toujours des mélodies géniales et que vocalement nous sommes sur le même registre. Drake et moi voulions travailler ensemble parce que nous savions que nous pourrions créer une chanson géniale pour nos fans.

Notre seule motivation était de sortir une chanson qui nous plaise à tous les deux, et je crois que nous y sommes complètement parvenus avec *Right Here*.

J'avais donc en tête d'écrire un texte qui dise que je suis toujours là quand quelqu'un qui compte a besoin de moi. L'idée est que l'on n'a besoin de personne d'autre pour s'épancher, parce que je suis toujours là. À côté de cela, tellement de gens dans ma vie m'ont offert ce sentiment de sécurité que je voulais leur faire savoir que je leur rendrais la pareille. Nombre de personnes ont agi ainsi avec moi au fil des années, et je leur suis extrêmement reconnaissant de leur soutien. Tout le monde, ma mère, mon père, mes grands-parents, Scooter et toute notre équipe, mais surtout vous, mes fans, qui ne m'avez jamais laissé tomber. C'est grâce à vous que je peux faire ce que j'aime le plus, et c'est vraiment cool. Je me suis promis, comme à eux, que je ne les abandonnerai jamais. Et je sais qu'eux non plus ne m'abandonneront pas. Je vais changer, mais je serai toujours là, je serai toujours Kid Rauhl.

« Du point de vue du producteur vocal et d'un chanteur, ce que les gens apprécient d'abord chez Justin, c'est qu'il possède ce facteur impalpable dont tout le monde parle. Ce truc qui fait de lui une super star. Mais quand vous l'entendez chanter, la raison pour laquelle vous l'appréciez, c'est qu'il chante avec son cœur et que cela se sent. Quand il chante, il pense sincèrement tout ce qu'il dit. Il ne se contente pas de chanter des chansons, il donne tout ce qu'il a à ses fans. Justin n'accepte de chanter que les chansons qui ont une résonnance en lui. S'il a la moindre réserve, il ne va pas la chanter et lui prêter l'authenticité qui fait aimer sa musique aux gens. »

Kuk Harrell

Il y avait une ambiance géniale entre Drake et moi dans le studio. Nous voulions créer quelque chose de spécial, et ce jour-là, il y avait de la magie dans l'air.

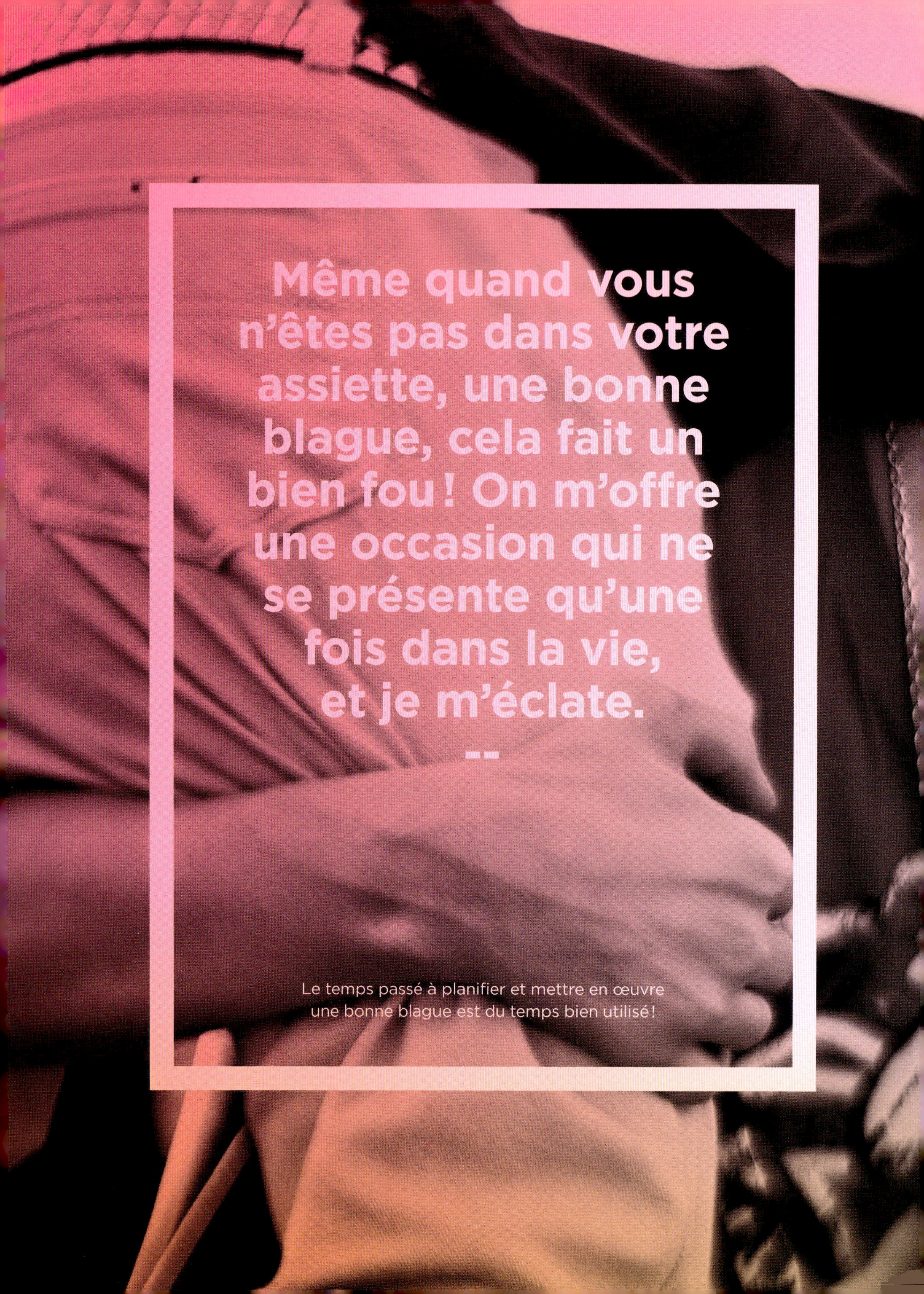

Même quand vous n'êtes pas dans votre assiette, une bonne blague, cela fait un bien fou ! On m'offre une occasion qui ne se présente qu'une fois dans la vie, et je m'éclate.

--

Le temps passé à planifier et mettre en œuvre une bonne blague est du temps bien utilisé !

CHAPITRE 9

RISKY BUSINESS

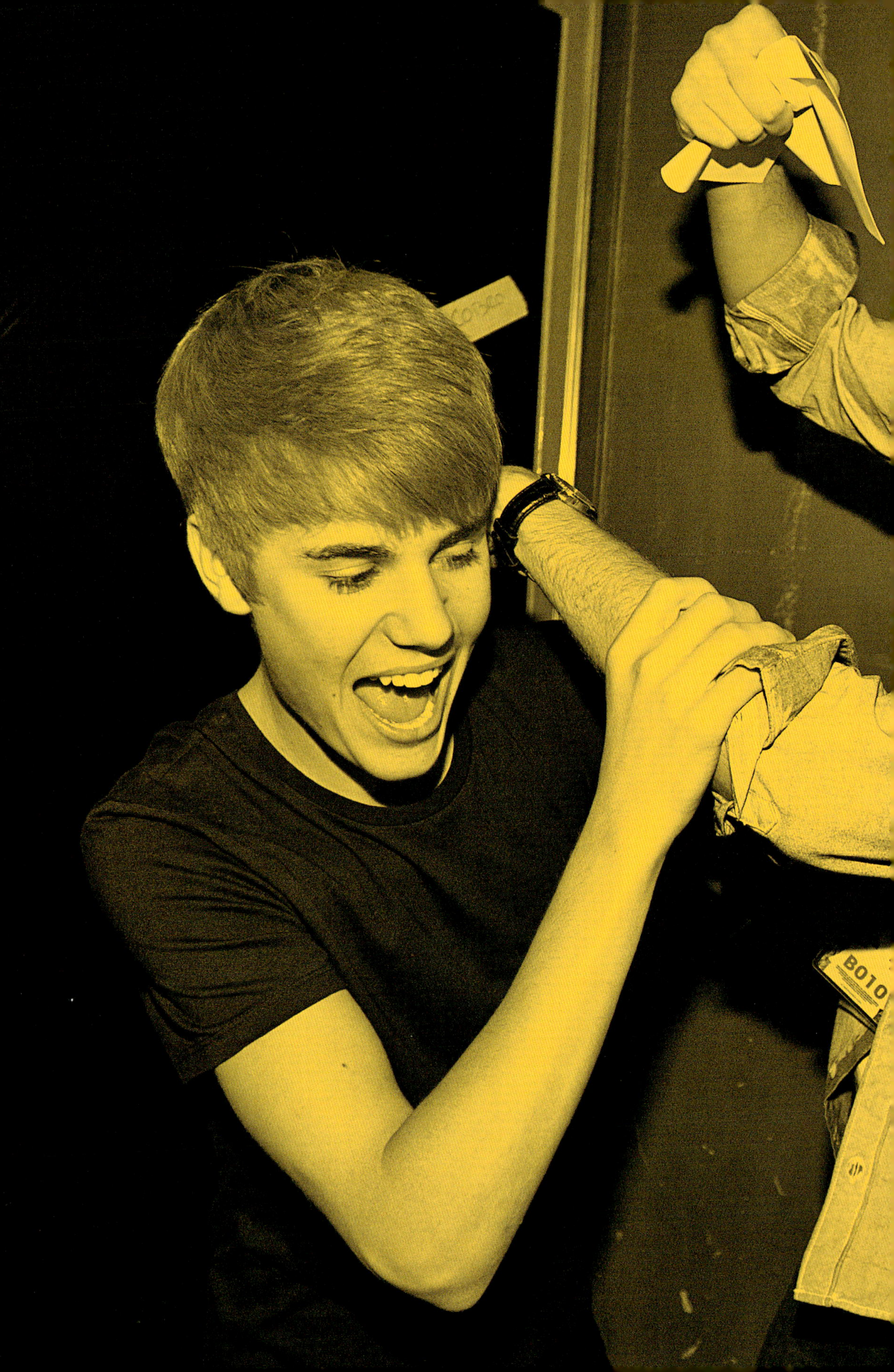

En plein chahut avec Gabe Sapporta, de Cobra Starship.

dankanter

Salut les mecs, je voulais informer tous les fans, d'abord que j'avais démissionné et que je ne bosse plus avec Justin, et ensuite que je vais bientôt effacer mon compte Twitter.

22 h 35 - 7 mars 2011, *via* UberSocial

justinbieber

Tu nous manqueras, @dankanter, mais ce que tu as fait était horrible. Jamais on ne te pardonnera.

23 h 12 - 7 mars 2011, *via* le Web

DAN LE BLAGUEUR

Tout le monde sait que j'adore jouer des tours, et personne, je dis bien personne, n'est à l'abri. OK, il y a quelques personnes avec qui j'ai décidé de faire une trêve (ils se reconnaîtront), mais en ce qui concerne la plupart, je saisirai la moindre occasion de leur faire une bonne blague.

Pendant notre tournée européenne, j'ai fait de Dan Kanter ma dernière victime en lui jouant un tour à Dublin, en Irlande. Il n'a vraiment rien vu venir, une qualité qui me donne un gros avantage pour ce genre de blagues, et qui fait de tout le monde une cible facile.

Comme nous étions dans un hôtel à l'extérieur de la ville, il n'y avait pas grand-chose à faire. Quand je m'ennuie, je me mets à chercher qui sera ma prochaine cible et c'est ce qui s'est passé ce jour-là. La blague s'est faite sur Twitter. Nous savons tous que les rumeurs se répandent comme une traînée de poudre, surtout sur les médias sociaux. C'est là que j'ai eu l'idée de m'emparer de son portable et de me lâcher. Je me suis enfermé dans la salle de bains de l'hôtel et j'ai envoyé un tweet qui disait : « Salut les mecs, je voulais informer tous les fans, d'abord que j'avais démissionné et que je ne bosse plus avec Justin, et ensuite que je vais bientôt effacer mon compte Twitter. » À peine j'avais appuyé sur « envoi » que je suis allé confirmer l'information sur mon propre compte Twitter : « Tu nous manqueras, @dankanter, mais ce que tu as fait était horrible. Jamais on ne te pardonnera. »

Le téléphone de Dan a commencé à recevoir une avalanche de messages de gens qui voulaient savoir ce qui s'était passé ! Sa grand-mère était tellement inquiète qu'elle lui a téléphoné. À ma grande surprise, nos fans ont été choqués – à tel point que Fredo a jugé qu'il était grand temps de mettre un terme à la blague en tweetant : « @dankanter, pas d'inquiétude. J'ai vu Justin tweeter ça depuis ton téléphone. À tous : Fausse alerte ! Lol ! Pendant ce temps-là, Dan se bagarre avec Justin pour récupérer son téléphone. »

Afin que tout le monde comprenne bien que c'était une blague, Dan a confirmé à son tour en tweetant : « JB m'a joué un petit tour. Je crois que je vais annuler les auditions avec @davematthewsbnd @phish @metallica et @bobdylan et chercher #vengeance. »

Et moi ?

Eh bien, essayer de faire une blague à mes millions de followers sur Twitter (vous savez que je vous adore tous) me paraissait une idée marrante, mais rétrospectivement, ce n'était pas le cas.

Oh, personne n'y croit, évidemment. C'était à mourir de rire !

Je ne sais pas pourquoi, mais jouer des tours à Dan m'amuse énormément. Peut-être parce que c'est un type super gentil qui a un cœur gros comme ça et qui est sympa avec tout le monde. Quiconque fait la connaissance de Dan le trouve le plus sympa du monde, alors quand je le fais tourner en bourrique, c'est… eh bien, c'est drôle !

J'ai fait l'une de mes meilleures blagues après les Juno Awards à Saint-Jean de Terre-Neuve. Celle-là a nécessité une très sérieuse planification. Trois semaines auparavant, j'ai dit à Dan que j'avais prévu une surprise pour lui à Saint-Jean. Je ne lui ai pas précisé avec qui, mais j'ai dit que j'avais organisé un dîner en tête à tête, après la cérémonie, avec l'un de ses artistes préférés. Je lui ai dit d'apporter un costume, parce que ce serait une occasion officielle. Dan s'est promené avec une housse de costume pendant des semaines, partout où nous allions avant d'arriver à Terre-Neuve. Croyez-moi, c'est un cauchemar d'essayer de ne pas froisser un costume quand on est en tournée.

Dan a passé ces trois semaines à demander à tout le monde qui il était censé rencontrer. Évidemment, tous étaient complices et se taisaient ou se contentaient de répondre : « Tu verras. » Le suspense le rendait fou, et moi, cela m'éclatait.

Chaque fois qu'il venait me voir pour me demander avec qui il allait dîner, il essayait de deviner :
– C'est Dylan ?
– Tu verras, répondais-je.
– Elton John ?
– Il va falloir que tu attendes, mon pote.
– Bon Jovi ?
Je répondais avec un sourire :
– Tu le sauras bien assez tôt.

Je ne sais pas pourquoi, mais il s'est convaincu que c'était Bon Jovi, et a commencé à se documenter sur le groupe, à mémoriser la bio de tous les membres pour ne pas faire d'erreur quand arriverait le dîner.

Le soir venu, j'ai envoyé une voiture chercher Dan et l'emmener au restaurant. Quand il est arrivé devant l'entrée, le directeur l'a entraîné dans une salle où l'attendait un imposant garde du corps. L'homme en question parlait très peu anglais, et quand il ouvrait la bouche, c'était avec un accent allemand à couper au couteau. Il n'a donc pas répondu grand-chose quand Dan a tenté de le questionner. Le directeur l'a fait asseoir à la table et lui a dit d'attendre.

Dan s'est mis à vraiment transpirer en se demandant qui allait bien pouvoir apparaître. Au bout de cinq minutes, le garde du corps lui a demandé : « Vous êtes prêt à rencontrer le groupe ? » Là, il était carrément tout tremblant quand on l'a emmené dans un autre salon privé.

Quand il est entré, je l'attendais avec mon sweat à capuche avec tous les autres membres de la bande, en habits de tous les jours et qui se moquaient de Dan dans son costume. Dan a trouvé cela très drôle. Comme il y avait vraiment un dîner pour tout le monde, au final, ce n'était pas si méchant – sauf peut-être pour lui.

Anthony, l'un de mes danseurs, n'a rien vu venir du tout ! (Tu t'es fait avoir !)

« Nous aimons autant nous faire des blagues que rire des trucs de fou qui nous arrivent tous les jours en tournée. Tout est fait dans la bonne humeur. Et cela fait partie du quotidien, quand on passe autant de temps avec des gens pendant une tournée d'un an ! »

« Je suis encore jeune, alors je peux porter n'importe quoi. J'ai développé mon propre style à mesure que je prenais de l'assurance. »

Avec ma grande amie Vanessa, la seule personne au monde qui peut approcher mes cheveux.

justinbieber

Je ne me suis pas rasé le crâne depuis longtemps. Je trouve ça cool. Avant, je le faisais tous les étés. Tout va bien. Ça repousse. De toute façon…

11 h 23 – 1er avril 2012, *via* le Web

CLASSIEUX

Ouais, je sais ce que vous allez dire, je ne peux pas vraiment expliquer pourquoi, mais c'est clair que les gens aiment parler de mes cheveux. Je suis juste un type comme les autres qui se réveille comme tout le monde et enfile ses fringues, généralement un sweat à capuche, un jean, des baskets et une casquette de base-ball. Je ne sais pas trop comment quelque chose d'aussi simple qu'une coupe de cheveux peut défrayer la chronique, mais cela a été le cas pour la mienne. Si vous regardez les icônes musicales du passé, tout le monde, entre Elvis, les Beatles, Billy Idol et Michael Jackson, a influencé la mode, surtout les styles de coiffure. C'est donc compréhensible, j'imagine, qu'il en ait été de même pour ma coupe.

J'avais mon style à moi depuis plusieurs années, quand j'ai décidé un jour de changer – vous savez, changer de look comme le fait David Beckham. Ma coiffeuse, Vanessa, est la seule personne autorisée à me couper les cheveux. Nous nous sommes connus lors de mon tout premier shooting photo professionnel. Elle avait pour tâche de me faire une coupe qui me plaise et avec laquelle je sois à l'aise, tout en conservant l'esprit de ce qu'elle appelait « mon casque de hockey canadien ». Elle voulait sans doute dire qu'elle n'aimait pas mon look du moment. Je n'étais pas encore totalement remis de ce que j'appelais ma « coupe Bart Simpson ». Inutile de le dire, j'hésitais à laisser de nouveau quelqu'un s'occuper de mes cheveux. Je ne me prive pas de dire clairement ce qui me plaît, et j'avais une grande confiance en Vanessa pour cette première coupe. Puis elle a gagné ma fidélité, et je ne suis jamais revenu en arrière.

Dès lors, quand le moment est venu de changer, j'en ai longuement discuté avec Vanessa et nous étions pile sur la même longueur d'ondes : comme ma musique et ma carrière évoluaient et mûrissaient, il en était de même de mon style personnel, y compris de mes cheveux. OK, alors attendez. Respirez un bon coup. Coupez votre téléphone. Faites bouger votre mèche une dernière fois et, pour l'amour du ciel, que quelqu'un alerte les médias de ce que j'ai… Une nouvelle coupe ! Ah bon ? C'est une coupe de cheveux, rien de plus. La face du monde n'en a pas été changée. La longueur de mes cheveux, si.

Croyez-moi, il y a des jours où j'ai pensé me raser complètement la tête. Vous voyez, pour être plus aérodynamique sur le parquet de basket ou faire mon Michael Jordan. Vous imaginez l'hystérie que cela provoquerait dans les médias ? Cela dit, même s'il y a très peu de chances que je me rase le crâne un jour, en 2011 j'ai prétendu que je l'avais fait dans l'émission *Jimmy Kimmel Live*, que je surnomme le « barbier de Bieber ». Ne vous inquiétez pas, c'était juste une blague et Vanessa n'a pas à redouter que Jimmy lui ravisse son travail !

J'ai sans conteste mon propre style, j'aime avoir la possibilité de m'exprimer par le biais de mes vêtements.

justinbieber

« Jeune James Dean. Nan. Jeune Justin Bieber. » classe #photoshoot #1stSingle

15 h 39 – 28 février 2012, *via* le Web

movistar
Evenpro
J-29391459-0
J-00343994-0

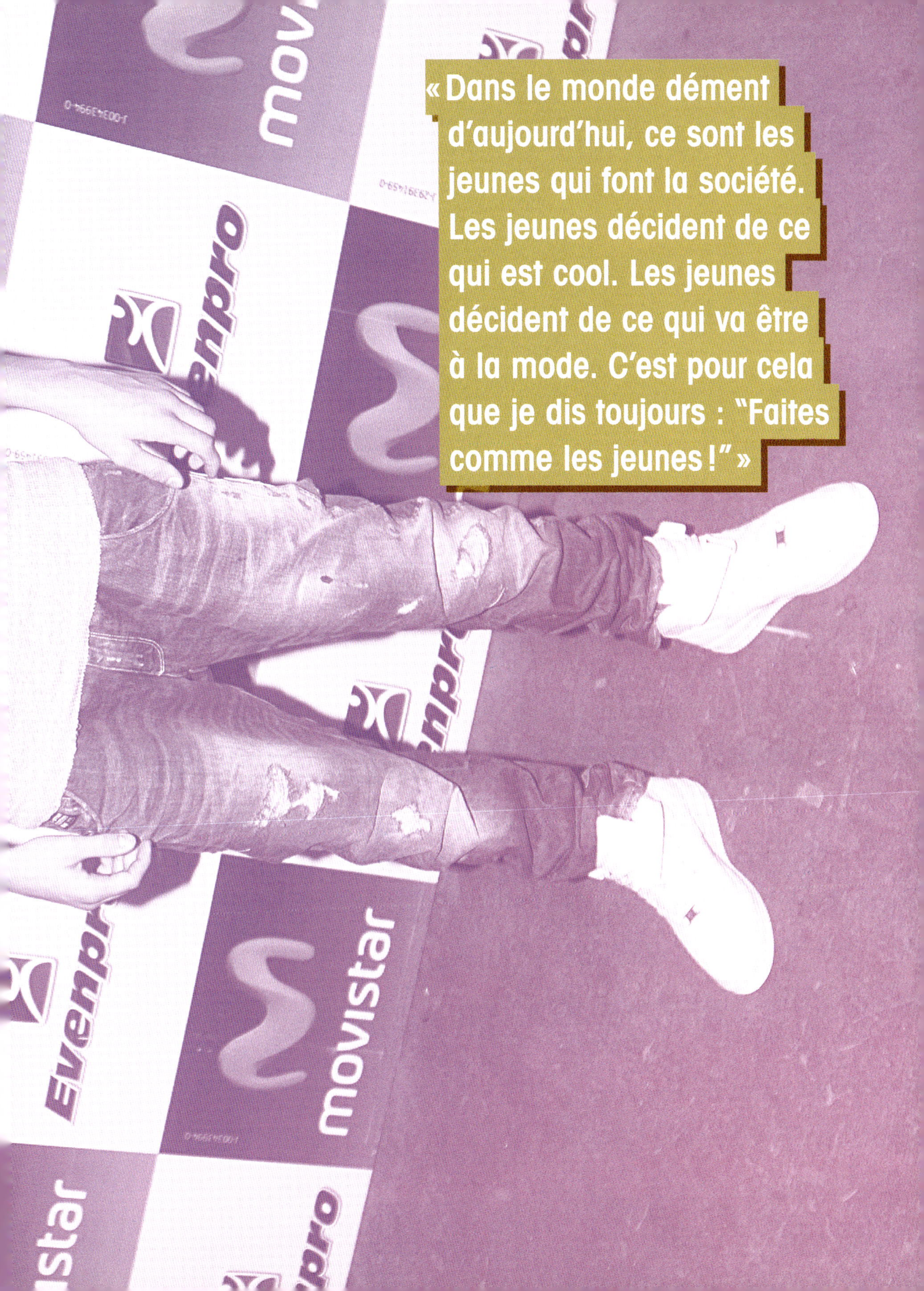

« Dans le monde dément d'aujourd'hui, ce sont les jeunes qui font la société. Les jeunes décident de ce qui est cool. Les jeunes décident de ce qui va être à la mode. C'est pour cela que je dis toujours : "Faites comme les jeunes !" »

justinbieber

Même quand on ne se sent pas d'humeur, une bonne blague fait toujours du bien. #Prankesterontheloose

10 h 15 – 8 mai 2011, *via* le Web

PUNK'D

Étant donné mon amour pour les blagues, il était logique qu'après ses cinq ans d'absence à l'antenne, je sois le premier invité du retour de l'émission à succès de MTV, « Punk'd ».

La première émission que nous avions faite avait nécessité la planification de ma plus grosse blague à cette date.

Et qui était mon innocente victime? Ma grande amie Taylor Swift.

Je l'ai appelée et je lui ai demandé si elle voulait bien venir dans ma maison sur la plage, m'aider à écrire une chanson pour mon album. Taylor a accepté, et même demandé de faire une première partie surprise pour son concert, plus tard dans la semaine à Los Angeles.

Pendant que nous étions au « studio » (en réalité une maison de Malibu, traficotée par l'équipe de « Punk'd » pour avoir l'air d'un vrai studio d'enregistrement en bordure de mer), j'ai convaincu Taylor d'allumer des feux d'artifice avec moi. L'un d'eux a « accidentellement » atterri sur un bateau où se tenait un mariage et y a mis le feu, obligeant les invités (tous des acteurs) à se jeter à l'eau et à regagner le rivage à la nage. Taylor était totalement convaincue d'avoir fait exploser le bateau ! C'est quelqu'un de si charmant et de si gentil, et même si elle n'a pas fondu en larmes, elle était catastrophée, pensant qu'elle avait gâché le mariage de ces inconnus.

Quand la « mariée » est arrivée sur le rivage, Taylor s'est répandue en excuses, répétant : « Mon Dieu, je suis vraiment désolée », aux mariés qui n'étaient pas très contents.

Moi, évidemment, j'en rajoutais pour qu'elle se sente responsable de ce drame, jusqu'au moment où j'ai dû lui dire que c'était un coup monté et qu'elle s'était fait piéger sur « Punk'd ».

Heureusement, cela l'a fait rire, et elle s'est exclamée : « Mais comment tu as pu me faire ça ? »

Dans un autre épisode que j'ai tourné avec « Punk'd », on utilisait le bon vieux truc du « tel est pris qui croyait prendre » avec Miley Cyrus. Elle croyait que MTV avait organisé une blague pour me piéger, dont elle était censée être la complice. Mais ce qu'elle ignorait, c'est que c'était elle la vraie victime, car tout était machiavéliquement manigancé depuis le début. Le principe était de lui faire croire qu'elle était la complice de skaters qui me reprochaient d'avoir garé ma voiture sur leur piste. Mais en réalité, moi je devais faire semblant de péter un plomb et de tabasser des jeunes sur le parking. Miley a regardé toute la scène sur des moniteurs, dans un car de régie où elle se cachait de moi, sans savoir que c'était à elle qu'on jouait le tour. Quand j'ai commencé à tabasser les prétendus skaters, elle s'est mise à paniquer et a réclamé qu'on mette tout de suite fin à la blague. Elle a supplié les producteurs d'arrêter de tourner et d'aller aider les jeunes, qui, entre-temps, étaient tombés à terre comme si je les avais vraiment blessés. Avant qu'elle n'ait le temps de sortir, je suis parti en courant pour qu'elle ne puisse pas immédiatement venir me parler.

Quelques minutes plus tard, je suis brusquement réapparu pour lui dire que non seulement elle s'était fait piéger sur « Punk'd », mais aussi pour lui annoncer, à elle comme au reste du monde, que j'étais « impiégeable » ! Elle a eu une réaction hilarante, et j'ai adoré.

J'espère pouvoir tourner d'autres émissions plus tard, parce que c'est le genre de tour que j'adore jouer, et MTV et les producteurs de « Punk'd » peuvent m'aider à échafauder des blagues bien plus complexes que je ne le pourrais tout seul. Comme mon ancien styliste et grand ami Ryan travaille maintenant avec l'équipe de MTV et de « Punk'd », je suis sûr que ce n'est pas la dernière fois que j'y passe !

Je me demande qui sera ma prochaine victime.

« Je me demande qui sera ma prochaine victime. »

justinbieber

Bon sang, je me suis fait avoir ce soir. Je ne peux pas m'empêcher de rire, elle était bien bonne. Le piégeur s'est fait piéger. Quelqu'un à la vidéo ?

21 h 43 - 5 septembre 2010, *via* le Web

ONE LESS LONELY... BOY?

Caracas, Venezuela
25 octobre 2011

Chaque fois que nous approchons de la fin d'une tournée, les blagues entre l'équipe et moi deviennent habituelles. Nous sommes sur la route depuis des mois, et tout le monde commence à être un peu sur les nerfs. À mon avis, on veut qu'il y ait de l'ambiance, et croyez-moi, il y en a !

Vous savez à présent que personne ne peut me piéger, mais j'avoue que mon équipe m'a bien eu le 5 septembre 2010, au concert du Maryland State Fair, durant la partie nord-américaine de la tournée « My World ». À un moment donné, dans chaque concert, la tradition veut que je fasse monter sur scène une fille du public à qui je chante *One Less Lonely Girl*, et que je lui offre une douzaine de roses. Généralement, c'est un moment très privilégié pour elle comme pour moi, mais lors de ce concert précis, mon équipe a décidé de m'en jouer une bien bonne.

Et nom d'un petit bonhomme, ils ont réussi. Et quand je dis « petit bonhomme »...

Ce n'est pas facile de me dissimuler quelque chose, mais l'équipe a décidé que ce serait très drôle de faire monter sur la scène Marcus Wade, notre technicien en effets spéciaux, à la place d'une fille parmi le public. Marcus est un grand gaillard qui a l'air d'un haltérophile. Ce n'était pas vraiment ce à quoi je m'attendais, et quand je l'ai vu assis sur le tabouret au milieu de la scène, je me suis quasiment pétrifié.

« Attends, c'est un homme ! » ai-je songé. Mais j'ai fait ce que j'étais censé faire, et j'ai continué à chanter imperturbablement, en changeant simplement les paroles en *One Less Lonely Boy*.

Comme il n'était pas question que j'offre à Marcus une douzaine de roses, je les ai données à quelqu'un du premier rang. Je me suis approché de Marcus, qui tendait les bras vers moi comme un chiot en manque d'affection, sauf qu'au lieu de le serrer dans mes bras, je lui ai flanqué une claque sur le sommet de son crâne rasé. Conscient que je venais de me faire piéger devant tout le public, j'ai fait la seule chose qui m'est venue à l'esprit sur le moment : j'ai empoigné ma manager, Allison, qui était en coulisses, car je savais que c'était elle qui avait tout manigancé, et je l'ai traînée sur la scène pour la prendre dans mes bras et éviter tout contact avec Marcus. Oui, le plan était parfait, sauf que Marcus m'a soulevé comme un sac et emmené hors de scène. Bien joué, Allison – mais n'oublie pas que tu vas me le payer !

LEAN on SWITCH
North
South

APOLLO
75TH ANNIVERSARY
GREEN ROOM
Green rooms are generally spaces used as offstage reception areas for performers. The Apollo Theater's Green Room long served as the congregating vicinity for contestants appearing at Amateur Night. Before they were called to the stage to perform, they eagerly waited there. Early on at the Apollo, the Green Room also functioned as an entrance to the Orchestra Pit.
After a new stage was built at the Apollo four years ago, the Green Room was refurbished. It continues to serve as the pre-performance meeting space for all the artists perform on the stage, but it is also used for in-house Apollo receptions and pr conferences.

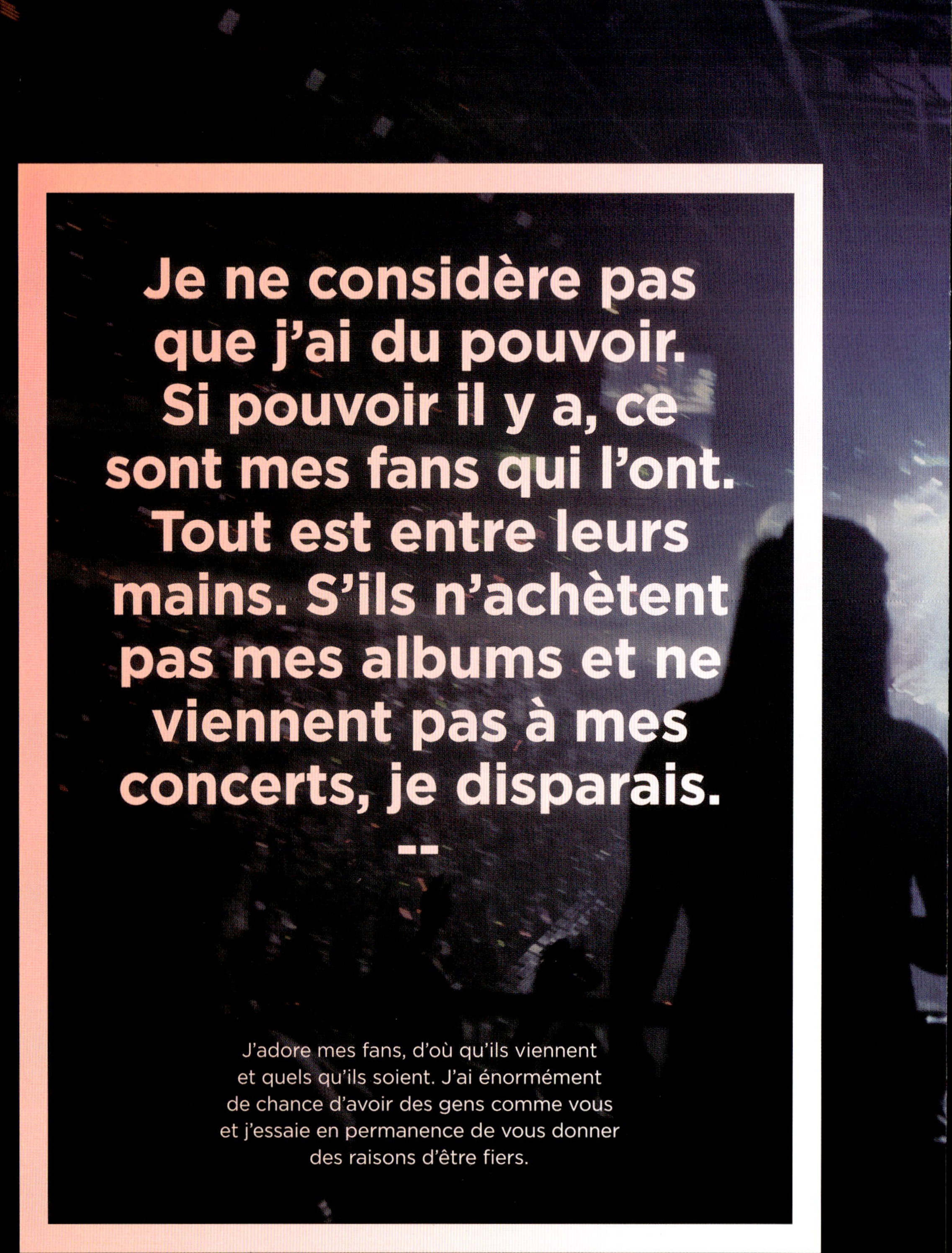

Je ne considère pas que j'ai du pouvoir. Si pouvoir il y a, ce sont mes fans qui l'ont. Tout est entre leurs mains. S'ils n'achètent pas mes albums et ne viennent pas à mes concerts, je disparais.

--

J'adore mes fans, d'où qu'ils viennent et quels qu'ils soient. J'ai énormément de chance d'avoir des gens comme vous et j'essaie en permanence de vous donner des raisons d'être fiers.

CHAPITRE 10

RIEN QUE POUR VOUS

BELIEBERS

J'ai les meilleurs fans du monde, mais certains d'entre eux sont devenus ce que nous appelons des « super fans », c'est-à-dire des fans qui me suivent de ville en ville, où que j'aille (vous vous reconnaîtrez !). Je ne sais pas comment, mais ils apparaissent au premier rang des concerts durant les différentes étapes de la tournée. L'un d'eux, Teddy, est venu me voir à Paris, Zürich, et en Israël. Ça, c'est du dévouement !

Nous étions en tournée en Australie pour la première fois, et Scooter recevait des tonnes de demandes d'interviews avec moi de tous les médias et journaux. Nous avons aussi eu un tweet de @JBSource, un fan-club sur Twitter qui a quatre-vingt-dix mille followers. Il s'est trouvé que les deux filles qui l'ont créé venaient à mon concert. Elles ont réussi à demander à Scooter si elles pouvaient m'interviewer pour leur page Twitter. Elles voulaient tourner l'interview en vidéo et la poster pour que les autres fans puissent la voir. Nous avions déjà refusé plus d'une centaine de demandes, mais nous savions tous les deux qu'il fallait que nous accordions du temps à ces deux filles. Scooter leur a dit qu'elles étaient l'interview la plus importante pour nous.

Et il avait raison.

Nous les avons fait venir avec le père de l'une d'elles et deux de leurs amis. J'ai adoré donner cette interview, parce que je savais parfaitement qui elles étaient. Il s'est trouvé que leur vidéo a été la plus vue de cette semaine-là, tous les fans de leur site l'ont visionnée, et j'ai trouvé cela génial, parce que parler directement avec mes fans est l'une des choses que je préfère.

« La photo de droite a été prise en coulisses durant une rencontre avec les fans à Santiago, au Chili. La petite fille dans mes bras a dormi du début à la fin. Je n'ai pas pu m'empêcher d'adorer qu'elle soit aussi peu impressionnée d'être dans les coulisses d'un concert de Justin Bieber. C'était plutôt rafraîchissant, et vraiment charmant. »

« J'ai l'impression que mes fans sont ce qui me permet de continuer. Le simple fait de voir les sourires et les larmes dans le public, c'est fou. »

JUSTIN
BIEBER

LA COURSE DES FANS

Barcelone, Espagne
6 avril 2011

Avant de me produire à Barcelone, je n'avais fait qu'un seul spectacle devant un public debout, et j'avais juré de ne jamais recommencer. Comme les places ne sont pas attribuées, tout le monde se bouscule et essaie de s'approcher le plus possible de la scène. C'est une vraie foire d'empoigne. Les gens sont pris d'une telle folie que je ne voulais pas que quelqu'un soit blessé. Cependant, la Palau Sant Jordi Arena de Barcelone ne présente que des concerts debout, et je n'avais d'autre choix que de donner le spectacle comme prévu. La journée avait été très chaude et moite et les gens attendaient devant depuis des heures en plein soleil. Nous avons fait en sorte de leur distribuer de l'eau, pour que tout le monde puisse s'hydrater, mais il y avait des évanouissements de toute part.

Une fois que le public a pu entrer dans le stade, cela a donné lieu à une scène démente : on aurait dit les fameuses courses de taureaux, sauf que c'étaient des *petres* humains qui se précipitaient vers la scène pour trouver leur « place ». Heureusement, personne n'a été blessé, mais nous nous faisions tous du souci à cause de la chaleur et de l'importance de la foule. La température à l'intérieur était pire qu'à l'extérieur, l'air était immobile et humide. Nous avions à disposition des médecins et des vigiles supplémentaires, et à part quelques évanouissements, tout s'est à peu près passé sans anicroche.

Thank
Spain Loves U

« L'un des moments les plus mémorables que j'aie connus avec Justin, c'est lorsque nous étions en France pour la première fois, et que nous avons donné un concert acoustique. Nous sommes montés sur scène, et il a chanté *One Less Lonely Girl.* Nous avons ouvert avec cette chanson dans un club de Paris, et à peine il a commencé les paroles en français que toute la salle a explosé et chanté en chœur avec lui pendant toute une heure. »

Dan Kanter

MA CHÉRIE

Paris est une ville qui recèle pour moi beaucoup de souvenirs très particuliers, tout au long de ma carrière. L'un des plus inoubliables a été un concert que nous avons donné, Dan et moi, pour cinquante gagnants d'un concours dans les bureaux d'Universal. Nous étions dans une salle de réunion et nous avons chanté quelques chansons en acoustique, quand tout le monde a commencé à remarquer du bruit à l'extérieur, un véritable vacarme. Des milliers de fans avaient deviné où nous étions, Dieu sait comment, et étaient venus. Au début, ce n'était pas inhabituel pour moi de lâcher un tweet disant que je serais dans telle ou telle radio pour promouvoir une chanson, sachant que cela permettrait aux fans locaux de venir me retrouver. Je me disais que lorsque le directeur de la station verrait tous ces fans réunis dehors, il serait forcé de passer mes disques. Mais en l'occurrence, comme je n'avais dit à personne où je serais ce jour-là, cela a été une grande surprise pour moi qu'ils se présentent devant les bureaux du label pour témoigner leur soutien. Cela m'a carrément stupéfié.

Il y avait dans l'un des bureaux un magnifique balcon en pierre qui avait l'air sorti tout droit de *Roméo et Juliette*. Je me suis dit que ce serait sympa si Dan et moi sortions dessus pour jouer pour tout le monde, et c'est ce que nous avons fait. Cela m'a rappelé ce qu'ont vu les fans des Beatles (je ne peux que l'imaginer) quand ils ont joué au sommet de l'immeuble d'Apple Records à Londres, en 1969. C'est l'une des rares fois où j'ai fait ce genre de chose. Cela a été un immense plaisir pour tous, mais surtout pour mes fans, qui m'ont aidé à arriver là où je suis aujourd'hui. C'était un tout petit geste, mais c'était ma manière à moi de les remercier et de leur montrer toute mon estime.

CHAPITRE 11

FOREVER, MICHAEL

Michael Jackson est mon inspiration. C'était le plus stupéfiant chanteur, musicien et danseur qui ait jamais vécu, et j'ai voulu calquer au plus près ma carrière sur la sienne.

--

J'ai passé des heures à étudier ses chorégraphies. Si j'arrivais à faire à moitié aussi bien que lui, je serais heureux.

FOREVER, MICHAEL

Hollywood, Californie
26 janvier 2012

J'ai été super honoré quand mon équipe est venue m'annoncer que nous étions invités à la cérémonie immortalisant Michael Jackson sur le Walk of Fame de Hollywood. On m'a expliqué que la famille demandait personnellement que je vienne, parce que j'étais le seul artiste de la nouvelle génération qui, à leur avis, partageait des similitudes avec Michael. Cela a été un tel privilège de faire partie de cette cérémonie très intime et très émouvante, surtout d'être reconnu de cette manière par la famille de mon idole! J'avais vraiment hâte de faire la connaissance de ses enfants, de sa mère et de ses frères.

J'étais un peu mal à l'aise quand la fille de Michael, Paris, m'a présenté, étant donné que c'était un grand jour pour toute l'assistance. Au micro, j'ai expliqué que pour moi, plus qu'un artiste, Michael était mon inspiration. La plupart des gens se souviennent de lui pour sa manière de chanter et de danser, mais je veux me rappeler l'homme qu'il était et la contribution qu'il a apportée à l'existence de tant de gens. Ses actions m'inspirent pour être le meilleur possible, parce que c'est ce que Michael a fait. Il dansait constamment, s'entraînait et forçait sa créativité. Je pense à cela à la moindre occasion.

Après la cérémonie, Mme Jackson m'a dit que son fils aurait aimé me voir en spectacle et aurait voulu quelqu'un comme moi pour héritier spirituel. Ces paroles m'ont laissé sans voix. Puis Paris s'est approchée et m'a dit que son père aurait voulu être mon mentor. L'entendre dire cela a été, eh bien... c'était totalement irréel!

Comme si la gentillesse de la famille ne m'avait pas déjà rappelé à la modestie, les frères de Michael sont venus me dire qu'ils avaient un cadeau pour moi. Ils m'ont offert une copie du célèbre blouson en cuir rouge que portait Michael dans *Thriller*. Il était exactement à la taille de Michael. Ils m'ont demandé de le mettre et de poser pour des photos avec eux. Quand je l'ai fait, tout le monde a ri, car il m'allait parfaitement. Sans doute que nous faisions la même taille. Et le mieux, c'est que ce blouson était dédicacé par Michael et tous ses frères. De la folie!

Participer à cette célébration a été un moment dont je n'aurais jamais osé rêver étant petit. Mais c'est arrivé, et c'était le genre de journée qu'on voudrait sans fin. J'étais entouré par des gens qui adoraient Michael Jackson, et sa famille m'a accueilli comme l'un des leurs. Cela signifiait énormément pour moi. Ce fut une des choses de loin les plus merveilleuses qui me soient arrivées. Un jour que je n'oublierai jamais.

justinbieber

Je viens de rentrer de la cérémonie Michael Jackson. C'est rare que j'aie le trac, mais là, je l'avais vraiment. Être avec sa famille… C'était le plus grand !

14 h 15 - 26 janvier 2012, *via* le Web

justinbieber

@ParisJackson, merci de m'avoir invité aujourd'hui, et de tout ce que tu m'as dit. Ton père sera toujours mon mentor. Sa carrière, c'est tout ce que j'étudie. #LePlusGrand !

22 h 11 - 26 janvier 2012, *via* le Web

SCOOTER:

« Beaucoup de gens comparent Justin à Michael Jackson et disent qu'ils ont eu la même enfance. Mais ce n'est pas le cas. Michael a grandi au sein d'un groupe, et il n'a pas grandi à l'époque des smartphones, Twitter, Facebook et paparazzi. Michael n'a rien connu de ce genre de technologie au début de sa carrière, car elle n'existait pas. Il savait ce que c'était de devenir célèbre jeune, mais il n'a jamais su ce que c'était d'être exposé vingt-quatre heures sur vingt-quatre et sept jours sur sept. Jusqu'à ce qu'il entame sa carrière en solo, il ignorait totalement ce que c'est de ne pas avoir tous les autres membres d'un groupe sur qui compter. Si Michael n'avait pas envie de donner une interview, Tito, Jermaine ou Marlon pouvaient toujours prendre sa place. Si Michael voulait aller se promener dans un parc, par exemple, il le pouvait. Ce que les fans voyaient, ils étaient les seuls à le voir. Rien ne pouvait devenir viral. À l'époque, il n'y avait pas de smartphones avec appareil photo et caméra ni Internet. Le souvenir d'avoir aperçu leur pop-star préférée demeurait dans la seule mémoire des fans qui avaient eu la chance d'être dans ce parc au même moment.

Justin ne peut pas compter sur quelqu'un d'autre pour donner une interview à sa place. Quand il sort dans un parc, les fans le croisent, tweetent, en parlent sur Facebook et prennent des photos que le monde entier peut voir en un instant. Cela fait beaucoup de pression pour n'importe qui, mais c'est particulièrement éprouvant pour un ado qui a juste envie d'être un ado. Parfois, cela lui plaît, d'autres fois, non. Ce genre d'exposition publique, c'est tout ce qu'il connaît depuis ses quatorze ans. Toute son adolescence a été aux mains du monde entier. »

J'adore vraiment jouer dans des stades, c'est fantastique de regarder devant soi et de voir qu'autant de gens apprécient ma musique. Et c'est gratifiant de savoir que l'on influence positivement des gens dans le monde entier.

--

Un moment calme en scène, à Caracas.
Je suis tellement reconnaissant de pouvoir mener cette vie incroyable !

CHAPITRE 12

CE N'EST QUE LE DÉBUT

SECONDE ÉTAPE

LA SUPER VIE DE CHÂTEAU

Mexico, Mexique
1er octobre 2011

J'adore me produire sur scène, à cause de la décharge d'adrénaline, et parce que je peux voir les sourires sur les visages de mes fans. Savoir que je peux leur apporter du bonheur m'en apporte à moi aussi. C'est ce qui rend cela fantastique. Être sur scène me permet d'exprimer tout ce que je ressens, et cela me transporte. C'est une sensation indescriptible. Un concert dure en moyenne dans les quatre-vingt-dix minutes, mais parfois je le fais durer un peu plus, surtout si le public est debout et en réclame encore. Je suis tellement galvanisé après un show que je ne peux pas dormir avant deux bonnes heures, et du coup je rentre à mon hôtel et je joue à des jeux vidéo, ou je regarde une vidéo jusqu'à ce que je puisse enfin trouver le sommeil.

J'étais super excité de donner un concert à Mexico, parce que c'était mon premier spectacle dans un stade en tant que tête d'affiche. J'en avais déjà fait quelques-uns en juin 2010. La première fois, c'était avec Taylor Swift au Gillette Stadium dans le Massachusetts, puis la Wembley Arena en Angleterre, pour le Capital FM *Radio Summertime Ball*. J'avais en fait déjà joué à Wembley une fois avant ces concerts, une performance que je n'oublierai jamais, car je me suis fracturé le pied en dansant pendant que je chantais *Baby*. J'ai pu terminer la chanson, mais à peine suis-je sorti de scène que je me suis effondré, parce que je ne pouvais plus marcher.

J'ai donné les quatorze concerts suivants avec un plâtre, ce qui rendait mes chorégraphies un peu difficiles, mais j'ai repris du poil de la bête grâce à mes fans.

« Certains artistes, quand ils arrivent à ce grand moment du solo, paniquent littéralement parce qu'ils sont devant le monde entier. Justin, cela le galvanise, et il attend cet instant. »

Scooter Braun

J'adore jouer dans des stades, parce que l'immense public m'enflamme encore plus que d'habitude, surtout quand tout le monde devient dingue ! C'est fantastique de regarder devant soi et de voir qu'autant de gens apprécient la musique que j'ai créée dans un studio avec seulement quelques personnes. Et c'est gratifiant de savoir que l'on influence positivement des gens dans le monde entier avec cette musique. Vous éprouvez de la joie quand vous vous en rendez compte sur la scène. Quand vous avez autant de gens devant vous et que vous savez qu'ils ont attendu ce moment, eux aussi, c'est la sensation la plus incroyable qui soit. Tout ce que je désire, c'est parvenir à cet instant d'émotion, avoir cette interaction avec le public et ne jamais redescendre de scène.

Mexico était notre deuxième étape lors de la tournée sud-américaine. Nous venions de jouer à Monterrey quelques jours plus tôt, et le public était fantastique. Nous sommes rentrés à l'hôtel très tard, cette nuit-là. Tantôt nous séjournons dans des établissements de grand luxe très traditionnels, avec du mobilier ancien, et tantôt dans des hôtels plus cools. Le W Hotel de Mexico était de toute évidence dans la deuxième catégorie. Quand je suis entré dans ma chambre, je suis resté ébahi en voyant que la direction avait fait installer un terrain de basket en plein milieu de la pièce. Ouais, la chambre était une sorte de loft assez grand pour accueillir un terrain de basket ! J'ignore totalement comment ils savaient que c'étaient mes bonbons préférés, mais ils avaient disposé partout de grands bols de Sour Patch à la pastèque, Sour Skittles et Sour Patch Kids, et des DVD de Michael Jackson près du grand écran plat. Fredo et moi avons passé presque toute la nuit à jouer au basket. Comme j'avais un concert le lendemain, je me suis forcé à me coucher, mais croyez-moi, je n'en avais pas envie. C'était comme si la chambre avait été customisée tout exprès pour moi.

Ryan Good arbore un sombrero à Mexico.

justinbieber

Concert de ce soir incroyable. Encore un stade complet ! Il y avait plus de spectateurs que d'habitants dans ma ville natale. Gracias, Mexico !
#DREAMBIG

21 h 38 – 2 octobre 2011, *via* le Web

Quand nous sommes revenus à mon hôtel après mon concert, le deuxième soir, j'ai remarqué de la brume qui filtrait par le dessous de ma porte. Je me suis demandé ce qui se passait, mais quand j'ai ouvert la porte, j'ai entendu le thème de *Rocky* et j'ai vu des lumières blanches aveuglantes partout dans la pièce. Je suis resté stupéfait devant le grand ring dressé au milieu de la chambre. J'étais tout excité, parce que la boxe est devenue une vraie passion pour moi. À vrai dire, j'envoie constamment des SMS à Floyd Mayweather pour qu'il me donne des conseils. Il aurait adoré ce qui se passait dans cette chambre, et s'il avait été là, nous aurions pu nous entraîner ensemble. Bon, tant pis !

Faute de quoi, j'ai sauté sur le ring, enfilé des gants et commencé à tambouriner le mannequin de boxe qui était installé au milieu. En fait, il y avait des mannequins partout dans la chambre. Fredo, Ryan et moi avons passé une super soirée à chahuter et boxer.

L'hôtel avait déjà exaucé mes rêves les plus fous, mais quand nous sommes rentrés le troisième soir, il y avait une miniplage dans la chambre, avec palmiers, sable, transats, parasols et de la musique hawaiienne ! J'adore carrément la plage. D'ailleurs, c'est là que je préfère aller me détendre. Et même si nous étions au Mexique, puisqu'il n'y a pas de plage à Mexico, les bonnes âmes du W Hotel en ont fait venir une pour moi. Je ne sais pas comment ils s'y sont pris pour installer toutes ces attractions, mais je les remercie de l'avoir fait !

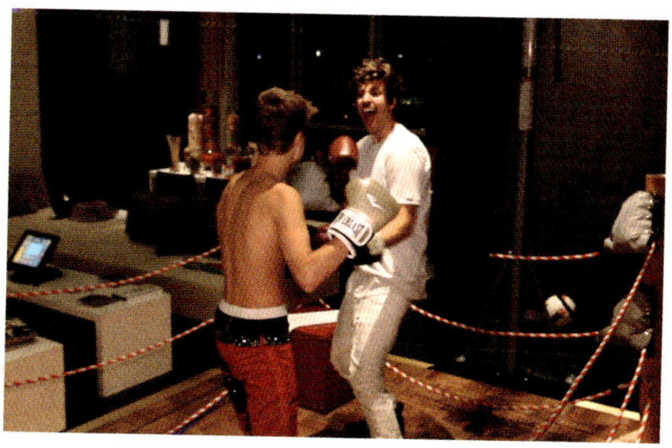

PETITE ESCAPADE

Buenos Aires, Argentine
12 octobre 2011

Quand nous avons entamé la partie sud-américaine de la tournée mondiale, nous étions sur la route depuis dix mois sans interruption. Lorsque nous sommes arrivés à Buenos Aires, j'avais hâte de visiter la ville. La première journée à notre hôtel a été étonnamment calme. Avant même que j'arrive quelque part, mes fans ont généralement deviné où je descends, ils campent devant l'hôtel depuis des jours dans l'espoir de pouvoir me saluer. J'adore voir tout le monde, mais parfois, c'est épuisant. Cela a donc été une bonne surprise de ne voir qu'une poignée de gens quand nous sommes sortis ce premier jour. Il m'a suffi de quelques minutes pour dire bonjour à tous et signer quelques autographes avant de nous mettre en route.

Premier arrêt ? Nous voulions des sushis pour le déjeuner.

Alfredo et moi avons trouvé un endroit appelé « Planet Sushi », qui nous rappelait notre restaurant de sushis préféré à Los Angeles. C'était vraiment bon et super frais. Ensuite, comme j'ai un faible pour les glaces, nous nous sommes renseignés pour savoir où il fallait aller. On nous a indiqué un endroit qui s'appelle Freddo's. Cela m'a fait rire, puisque j'appelle tout le temps Alfredo « Fredo », et du coup, il était légitime que nous allions là-bas manger notre dessert.

Une fois sur place, j'ai découvert la meilleure crème glacée du monde, le *dulce con leche con brownie* – en gros, c'est une glace crémeuse avec des morceaux de brownies. Encore aujourd'hui, je meurs d'envie de manger une coupe de ce surprenant mélange.

Fredo et moi avons passé une journée géniale à explorer tous les magnifiques sites de Buenos Aires. Cette ville est super cool. Comme elle est particulièrement intéressante à photographier, nous avons décidé de faire une *battle Instagram* pour voir qui prendrait les meilleures photos. Nous sommes allés dans toute la ville en photographiant les parcs, musées et autres lieux. Nous avons posté nos photos sur Twitter et décidé de laisser les fans choisir les meilleures.

ALFREDO
JUSTIN

JUSTIN
justinbieber
Haha. Aux infos d'ici, on dit que mes fans ont attaqué l'hôtel. Ils ont montré une fille qui ressemble à CHUCK NORRIS. #Epic
9 h 15 – 12 octobre 2011, *via* le Web

C'était un peu gagné d'avance, parce que j'ai genre vingt millions de followers sur Twitter, et Fredo genre six. Alors oui, j'ai remporté la battle, même si Fredo est toujours convaincu d'avoir pris les meilleures photos, ce qui n'est pas le cas. Les miennes étaient de véritables œuvres d'art.

Et les siennes ? Eh bien, disons simplement qu'elles étaient OK.

Le temps que nous rentrions à l'hôtel, il était évident que tout le monde savait que j'étais là-bas, car un millier de fans m'attendaient devant. Nous avons réussi à passer par l'arrière pour éviter une bousculade, et avons passé le reste de la soirée à jouer à mon jeu vidéo préféré, *Mortal Kombat*. Il commençait à se faire tard, mais j'avais faim et j'en avais assez de manger ce qu'on propose dans les hôtels (au bout d'un moment, tout a le même goût).

Pendant notre promenade de la journée, j'avais remarqué un TGI Friday's pas très loin de l'hôtel. Quand on est en tournée, surtout dans d'autres pays, rien ne vaut un petit plat familier, et Friday's est l'une de mes enseignes préférées. J'aime tout particulièrement leur poulet frites et les *slushies* à la fraise. Quand vous voyagez pendant une longue période, un endroit familier comme Friday's, c'est exactement comme un petit coin de chez vous, et à ce stade de la tournée, j'avais besoin de bons plats réconfortants et traditionnels comme à la maison.

Quand j'ai dit à Moshe que je voulais aller dîner là-bas, il a secoué la tête et répondu que c'était infaisable. Il y avait trop de fans et de paparazzi dehors, et je ne pourrais jamais passer sans provoquer une pagaille géante. Bon sang, je voulais juste un peu de poulet, ce devait être possible d'y arriver ?

Certains d'entre vous l'ignorent, mais je suis claustrophobe, et vraiment beaucoup. Je ne peux pas être avec plus de deux personnes à la fois dans un ascenseur sans avoir la nausée. Donc, quand quelqu'un a proposé de me cacher dans le coffre de la voiture pour notre petite escapade, je n'étais pas sûr d'y arriver. Mais comme je ne voulais pas non plus rester à l'hôtel, j'ai respiré un bon coup et je l'ai fait malgré ma phobie.

Pendant que la voiture sortait, Fredo et Carin ont baissé leurs vitres pour que tout le monde voie que je n'étais pas dans la voiture. Une fois que le public a constaté qu'il n'y avait qu'eux, il n'y avait plus qu'à espérer que personne ne nous suive, afin que je puisse quitter le coffre et monter dans la voiture quelques rues plus loin, c'est-à-dire « hors de la zone des fans », dans notre jargon.

Quelques minutes après le départ, j'ai demandé si la voie était libre. Je leur parlais par une petite ouverture sous l'accoudoir central de la banquette arrière.

Malheureusement, l'équipe de sécurité a repéré deux paparazzi qui nous suivaient et il était donc impossible de s'arrêter. Je commençais à me sentir tellement à l'étroit que j'ai sorti la main par l'ouverture pour tenir celle de Carin. J'avais besoin d'un contact avec quelqu'un pour ne pas finir en panique.

Friday's étant hors de question parce que c'était trop proche de l'hôtel et que nous savions que les fans devineraient rapidement que j'y étais, nous sommes passés au plan B : retour chez Freddo's, pour manger des glaces. Comme les paparazzi continuaient de nous filer, j'ai dû rester caché dans le coffre pendant qu'Alfredo allait nous chercher des glaces. Carin est restée dans la voiture pour me tenir compagnie. Quand Fredo est revenu, il m'a donné ma glace par la petite ouverture et je l'ai mangée tout seul dans le coffre.

Nous avons encore tourné pendant vingt minutes en espérant que les paparazzi nous lâcheraient un peu, mais ils ont tenu bon, et nous avons donc renoncé à Friday's pour rentrer à l'hôtel. Heureusement, il se trouve que Friday's faisait des livraisons ! J'aurais préféré le savoir avant de devoir monter dans le coffre...

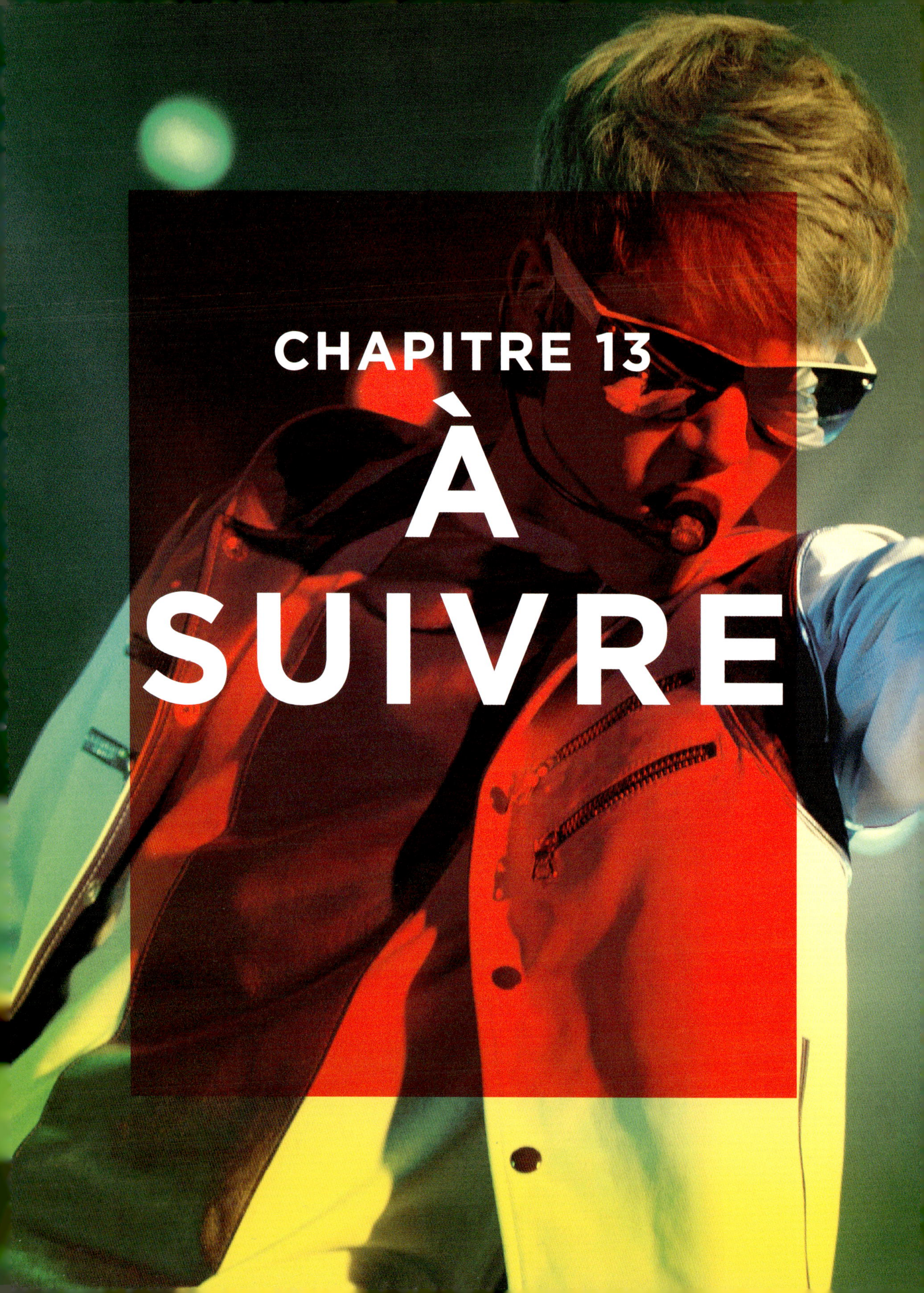

CHAPITRE 13
À SUIVRE

À mesure que j'avance, je veux devenir un artiste et un interprète qui maîtrise parfaitement son art. Je veux être le meilleur possible.

--

J'ai tellement de chance, je sais pourquoi je suis là, et ce qui me pousse à continuer. À mesure que le temps passe, je me rends compte que les occasions n'attendent que moi, et j'ai bien l'intention de les saisir à bras-le-corps.

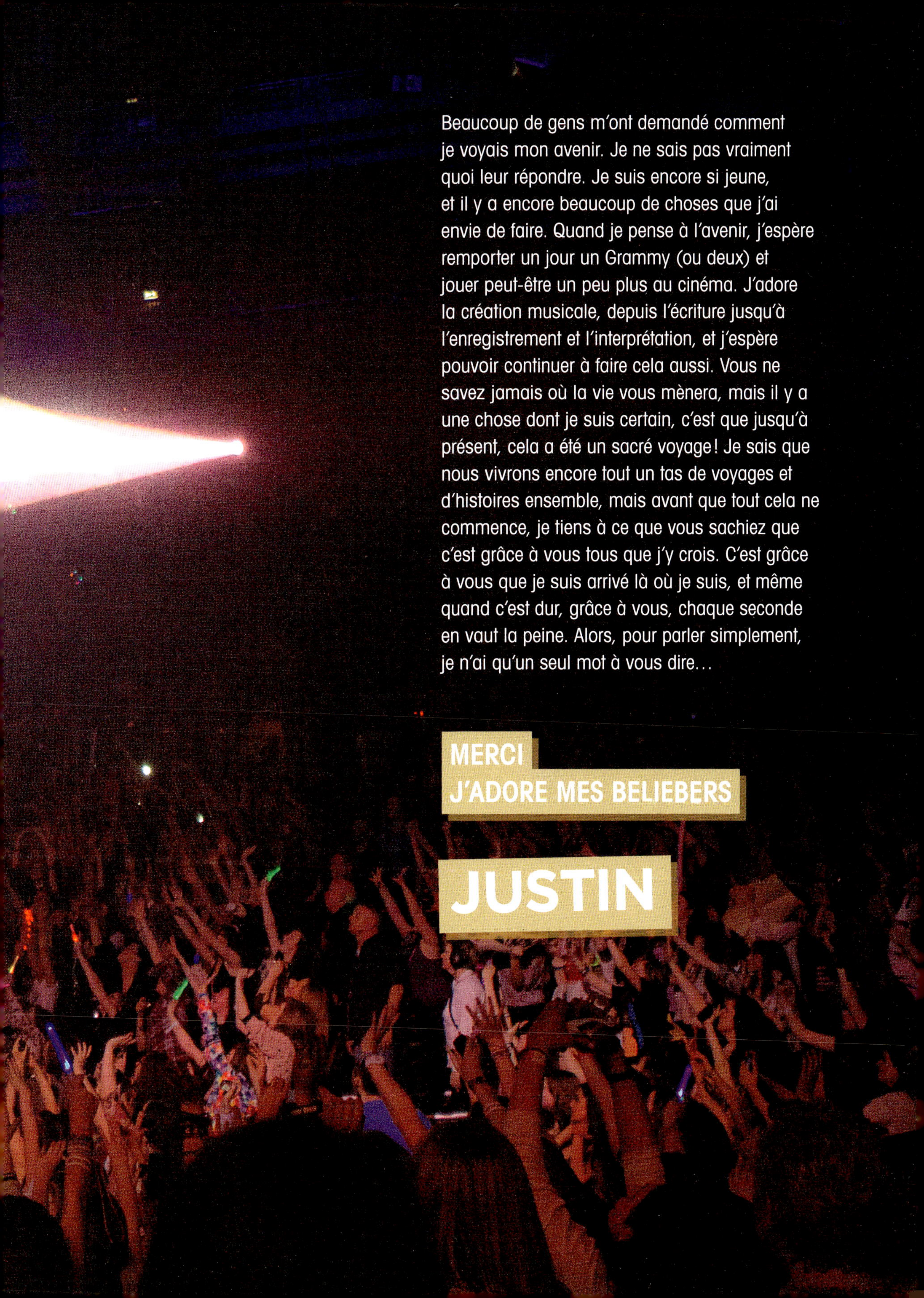

Beaucoup de gens m'ont demandé comment je voyais mon avenir. Je ne sais pas vraiment quoi leur répondre. Je suis encore si jeune, et il y a encore beaucoup de choses que j'ai envie de faire. Quand je pense à l'avenir, j'espère remporter un jour un Grammy (ou deux) et jouer peut-être un peu plus au cinéma. J'adore la création musicale, depuis l'écriture jusqu'à l'enregistrement et l'interprétation, et j'espère pouvoir continuer à faire cela aussi. Vous ne savez jamais où la vie vous mènera, mais il y a une chose dont je suis certain, c'est que jusqu'à présent, cela a été un sacré voyage ! Je sais que nous vivrons encore tout un tas de voyages et d'histoires ensemble, mais avant que tout cela ne commence, je tiens à ce que vous sachiez que c'est grâce à vous tous que j'y crois. C'est grâce à vous que je suis arrivé là où je suis, et même quand c'est dur, grâce à vous, chaque seconde en vaut la peine. Alors, pour parler simplement, je n'ai qu'un seul mot à vous dire…

MERCI
J'ADORE MES BELIEBERS

JUSTIN

#RENDEZ TOUJOURS CE QUE VOUS AVEZ REÇU !

Si vous voulez davantage d'informations sur les associations humanitaires qui ont ma préférence, consultez ces liens :

– Pencils of Promise s'attache à construire des écoles et proposer des programmes d'éducation durable. En formant une collaboration durable avec les collectivités, l'association facilite l'accès à une éducation de qualité et a un impact positif sur les élèves et leurs parents, dans les communautés les plus démunies au Laos, au Nicaragua et au Guatemala. Pour plus d'informations sur Pencils of Promise :

www.pencilsofpromise.org

PENCILS OF PROMISE

– L'une des associations auxquelles je participe est la Fondation Make-A-Wish. Chaque fois que j'en ai l'occasion, je m'efforce de rencontrer des enfants par le biais de cette fondation dans différentes villes du monde. J'ai ainsi rencontré quantité d'enfants étonnants et courageux au cours des années, tous aussi inoubliables les uns que les autres par leur force spirituelle et leur passion. Tous étaient super heureux et c'était un plaisir de voir leurs immenses sourires. Il arrive souvent que de me rencontrer soit leur vœu ultime, et cela donne un caractère très particulier à ce moment. Depuis 1980, Make-A-Wish a donné de l'espoir, de la force et de la joie à des enfants atteints de maladies graves ou mortelles. C'est une organisation qui exauce le vœu d'un enfant américain toutes les quarante minutes. Pour plus d'informations :

www.wish.org

MAKE·A·WISH